认识中国

乡村的前途与中国现代化

贺雪峰 著

生活·讀書·新知 三联书店

图书在版编目（CIP）数据

认识中国：乡村的前途与中国现代化 / 贺雪峰著．
北京：生活·读书·新知三联书店，2025. 6 (2025.9 重印)
ISBN 978-7-108-08075-2

Ⅰ．F320.3

中国国家版本馆 CIP 数据核字第 20251GS235 号

责任编辑　柯琳芳
装帧设计　春　雪
责任印制　董　欢
出版发行　生活·讀書·新知 三联书店
　　　　　（北京市东城区美术馆东街 22 号 100010 ）
网　　址　www.sdxjpc.com
经　　销　新华书店
印　　刷　河北松源印刷有限公司
版　　次　2025 年 6 月北京第 1 版
　　　　　2025 年 9 月北京第 3 次印刷
开　　本　635 毫米 × 965 毫米　1/16　印张 17
字　　数　204 千字
印　　数　6,001－9,000 册
定　　价　69.00 元
（印装查询：01064002715；邮购查询：01084010542 ）

目　录

自　序

一

从30岁发表第一篇论文至今已有近30年时间。从事农村调查研究满打满算也可以说有30年时间了。我做研究的初衷是为了认识中国，起点是从农村研究开始，从经验研究开始。我的研究生导师张厚安教授一贯主张理论研究要面向社会、面向基层、面向农村。"三个面向"最终目的是通过对中国基层社会的深入研究来认识中国。

30年时间，我几乎是马不停蹄在全国农村调研，从南到北，从东到西，从政治到经济，从家庭到社会，从"三农"问题到城市化道路，几乎所有理论与政策问题都有涉及。本书是对自己过去30年研究的一个小结，这个小结既包括对30年农村研究的小结，又包括从农村角度认识中国的小结，还包括30年研究中形成的关于社会科学如何认识中国方法的小结。

认识中国的目的是为了更好地建设中国，建设中国必须要认识中国。中国是有5000年文明、地域巨大、人口众多的社会主义国家，正在进行伟大的中国式现代化建设。中国式现代化是与西方现代化相当不同的另外一条现代化道路。进行中国式现代化建设，需要深刻认识国情和农情，必须理论联系实际，尤其不能用西方理论来套中国实践。正是从中国式现代化实践的沃土中，可以长出中国社会科学理论，并以此来深入地认识中国，更好地建设中国。

30年来，我在全国农村调研，形成了对中国农村的若干独特判断，参与了若干政策辩论，提炼了诸多与主流观点有所不同的理论认识。在这本书中，我简单概括了自己对"三农"问题的研究。这些研究也许还很粗糙，却也成了理论百花园中的一枝。

农村是中国的一部分，认识农村也就是认识中国。同时，通过农村来认识中国，就是通过具体来认识一般，这是社会科学研究中的认识规律。在长期农村研究中，我提出农村是中国现代化稳定器与蓄水池的观点，提出保护型城乡二元结构的观点，提出中国式城市化道路的观点，提出农民是中国现代化建设主体的观点，以及提出中国现代化"三轮驱动"的主张，这都是通过对中国农村深入认识形成的对中国式现代化的洞见。

二

2001年以来，我先后在华中师范大学、华中科技大学和武汉大学担任教职，开始培养学生。因为地处中部，研究问题特色鲜明，注重田野调研，我们这群人被学界称为"华中乡土派"。20多年来，华中乡土派几乎所有学人都呼啸着奔向田野，直面中国式现代化一线的经验。一大群年轻人从田野中很快成长起来，他们也开始形成自己对中国农村和中国式现代化的独特认识。20多年来，华中乡土派学者坚持"田野的灵感、野性的思维、直白的文风"三大共识，以建设有主体性中国社会科学为目标，进行跨专业和跨学科的广泛研究。农村是最容易进入的田野，田野当然远不止农村。华中乡土派学者现在的口号是向所有经验研究进军。通过一个又一个具体经验研究，盲人摸象，野蛮成长，从中国式现代化实践中提出真问题，大胆假设，持续迭代，就可以形成对中国式现代化实践系统深刻的认识，就可以认识中国。

三

在认识中国的过程中，我们深刻感受到，古今中外一切智慧都是启示而非教条，必须认真学习包括西方社会科学理论在内的古今中外一切智慧。通过深入系统的理论学习，我们才能具备认识中国的理论能力。同时又必须要深入到田野进行饱和经验训练。只有不带预设地进入田野，将自己开放在田野中，才容易形成经验质感，才可以从经验中提出真问题，才可能涌现出之前未曾预料的有价值的创见。社会科学研究不能变成烦琐且异化的劳动，认识中国是极为有趣且需要开放和争鸣的创新性劳动。这个过程中，学科和专业都服务于认识中国的目标，各个学科自主知识体系只有经过长期、深入、激烈的学术争鸣，才可以去伪存真，去粗取精，由表及里，由浅入深，逐步建立认识中国的系统且深刻的社会科学理论。

中国式现代化实践为所有中国学者提供了建立认识中国的社会科学理论的机遇，中国有几十万理论工作者，所有人都可能在这个伟大时代建功立业。呼啸着奔向田野，大胆假设，百花齐放，百家争鸣，中国社会科学对中国的认识一定可以达到远超现在的高度。

这是一个伟大的时代，每个理论工作者都可以建功立业。

　　本书不揣浅陋，希望通过对自己30年农村研究的小结，提供一个认识中国的也许水平不高却独特真实的文本。

贺雪峰

2025年3月12日下午于庐山

第一篇

农民与中国现代化

一、引　论

从 1993 年读研究生接触农村研究算起，我从事农村研究已经 30 年了。30 年来，在全国做过近 2000 个工作日的调研，写作和发表了数百篇论文，出版了 30 余部学术著作。因为研究生是政治学专业，硕士论文误打误撞研究村民自治，进入基层治理研究领域。发现基层治理涉及的问题远不止权力和选举，从而进入到对农村社会和区域差异的关注中来。从社会和区域的角度来看，权力和选举是发生在社会基础上的，或者说是嵌入社会之中的。因为社会结构的差异，不同地区基层治理具有不同的社会基础，从而就产生了自上而下各种制度安排的不同实践。从这个意义上讲，没有超越时空条件的绝对的好制度，只有与特定时空条件相契合的制度才是好制度。我很快就由对抽象、一般制度的研究转向研究制度实践的社会基础，并在 2003 年出版了《乡村治理的社会基础》（中国社会科学出版社），研究重点也由政治学转向社会学。

研究社会基础，最重要的是要研究社会结构。中国社会无比巨大，因为历史、地理等复杂原因，中国形成了具有显著南北差异的不同村庄社会结构，典型如华南地区团结型宗族村庄至今仍然影响农民观念，对乡村治理产生影响，华北地区村庄则普遍存在分裂型的小亲族结构，长江流域和东北地区，村庄往往是高度原子化的，我们称原子化的村庄为分散型村庄。这样一来，中国汉民族主要居住地区就可以划分为南方团结型宗族村庄、北方分裂型小亲族村庄、以长江流域和东北地区为代表的中部分散型原子化村庄，相关研究汇编为《南北中国》（社会科学文献出版社 2017 年版）。

村民是生活在村庄社会结构中的，村庄社会结构为生长于斯的村民提供了最基本的社会结构基因。这种基因不仅体现在村民行为上，而且体现在村民心理认知上，甚至体现在村民关于活法的定义上，人生任务是集中体现。我因此从对社会结构的关注进入到对农民价值观的关注，开始研究乡村治理的价值基础问题。

决定农民价值观的当然不只有村庄社会结构的基因影响，而且有中国数千年文化传统的影响。这尤其表现在作为儒家文化核心区的广义上的中原地区和受儒家文化影响比较小的边缘地区，尤其是边疆少数民族地区，对人的活法的定义是相当不同的。因此，近年来我有讨论文化中心区与边缘区和撰写"文化中国"的计划。

改革开放以后，尤其进入 21 世纪加入 WTO 以后，中国城市化加速，市场成为配置资源的决定性手段，农民大量进城，无论是村庄社会结构还是农民文化基因都受到城市化和市场经济的冲击，经济发展水平和农民就业状况越来越成为决定性因素。"南北中国"和"文化中国"越来越变成"城乡中国"和"东西中国"。我们撰写的《东西中国》2024 年已由中国人民大学出版社出版了。

进入村庄调研必然要关注农民生计问题。在城市化背景下面，年轻子女进城务工经商，年老父母留村务农成为普遍模式，农民通过代际接力来完成城市化。我提出"以代际分工为基础的半工半耕家计模式"概念，提出代际接力进城和代际剥削的概念，来描述中国独特的不离村的城市化。正是农民进城并不是把农民从村庄连根拔起，使中国城市化和现代化具有与一般发展中国家完全不同的特征。2001 年我提出"农村是中国现代化的社会稳定器与劳动力蓄水池"的论断（《新乡土中国》，广西师范大学出版社2003年版），产生了广泛影响，被学界和政策制定部门接受，一定意义上成为社会共识。

缺少进城机会的中老年农民与土地结合起来，就有了收入、就业、意义。老人农业很重要，不仅要解决农产品供给问题，而且要解决缺少进城机会与能力的农村弱势群体的生计问题。《小农立场》（中国政法大学出版社2013年版）站在农村弱势群体立场上考虑问题，就不只是农业问题，而且是中国现代化基础的问题，因为只有当农民中的弱势群体的生计问题可以解决，中国现代化才有保持稳定的基础。农民有出路，现代化才有前途。

城市化进程中，必然有越来越多农地用于建设，农地非农使用带来土地增值收益，农民从土地非农化中受益，不仅获得了身边的就业机会，而且可能从土地上获得财产性收益。因此就出现了通过给农民更大土地权利来提高农民财产性收入的主张，这不符合中国已消灭土地私有制和土地食利阶层的"宪法秩序"，并且无视中国土地制度在"地尽其利、地利共享"上的巨大优势。由此连续写作《地权的逻辑》第一部、第二部、第三部，论证中国土地制度是世界上最先进的，因为土地公有制使中国不仅消灭了土地食利阶层，而且可以做到"地尽其利"。土地公有制是中国创造经济发展奇迹的一个重要原因。

城市化也是农民进城的过程。农民进城并非一次性从农村搬到城市，而往往是在城乡之间不断往返，且农户往往通过城乡分离、代际合力来最后完成城市化。农民进城是希望在城市体面安居而非在城市漂泊流浪，如果不能在城市扎根，进城农民往往选择返回农村。也就是说，在农民真正在城市扎根之前，千万不能断了农民返乡退路。也是因此，打破城乡二元结构并非是鼓励资本下乡。当前政策上已基本清除了农民进城的障碍，却对市民下乡和资本下乡持相当谨慎的态度。这样一种体制安排，我称之为"保护型城乡二元结构"。正是保护型城乡二元结构，为中国农民中的弱势群体提供了在农村体面生活的可能，从而让农村仍然可以成为中国现代化的稳定器与蓄水池。

保护型城乡二元体制的重要性在于，正是为弱势农民保留了农村退路，城市市场的激烈竞争就可以焕发出活力，科技快速进步，产业快速迭代。城市市场体制与农村社会体制形成对冲、互补和平衡。正是农村社会体制为城市市场体制提供了托举与支撑，城市市场体制才激发出巨大能量，生产力快速发展，又反哺农村，最终为农业农村现代化提供支撑。依据市场—社会二元体制模型，"三农"政策的重点在于建设社会体制，当前阶段乡村振兴的核心就不是"农业强、农民富、农村美"，而是要为农民提供虽然不及城市体面生活却好于城市漂泊流浪的农村体面生活。乡村振兴要目中有人，即要为农民中的弱势群体提供保底服务，而不是为城市人或农民强势群体提供"强富美"的机会。农业现代化的根本不在于农业本身，而在于为缺少城市就业机会的农村弱势群体尤其是中老年农民提供收入与就业机会，因此就应当重点发展适老型农业，要建立适老型农业农村制度。适老型农业也就是小农户经济。

在当前及未来相当长一个时期，决定中国现代化成败的关键是科技进步和产业升级，中国制造是否可以变成"中国智造"与"中国创造"。过去、当前及未来相当长的一个时期，中国制造保持价廉物美的强大比较优势，是中国经济成长的关键。中国制造的优势必须保持，同时，国家应当重点支持新质生产力的发展，推动科技进步和产业升级，解决"卡脖子"问题。小农户经济则为中国制造和产业升级提供了保障条件。当前及未来相当长一个时期，通过小农经济、中国制造、产业升级三轮驱动中国现代化，中国现代化才可以创造奇迹。

当前中国遭遇未富先老问题，农村是中国老龄化最严重的地区，如何应对农村老龄化是重大挑战，也是国家责任。国家应对农村老龄化，一是通过为农民提供账户养老保障来解决农民养老问题，二是通过支持"不离村不离土不离家"的村社养老来应对农村养老问题。"不离村不离土不离家"的村社养老，可以做到"低消费、高福利"，应当是当前农村养老的基本出路和最好办法。

村社养老、小农经济以及农业适老化改造必须要靠农村村社内部的有效动员。只有农民群众自己动起来建设自己的美好生活，那些个性化的、特殊的、具体到每个人的美好生活才能建设好。

取消农业税前，国家从农村汲取资源，而较少向农村输入资源。国家要从农村汲取资源，在农户分散且经济剩余很少的情况下，收取农业税费就不是很容易。国家甚至无法区分真正缴不起农业税费的困难户与有钱不愿缴的钉子户，因此就需要村干部协税。村民不愿缴纳税费，村干部协税就要得罪村民，好人村干部退出，谋利型狠人当上村干部，借协税来谋取个人利益。县乡默许狠人村干部借协税谋利，村民不满，上访告状，县乡必然会想方设法保护能完成协税任务的村干部，"乡村利益共同体"导致农村形势迅速恶化。

取消农业税前，村社集体公共品要通过内部筹资筹劳来供给。内部筹资筹劳有困难，因为总会有村民找借口拒绝出资出劳，村庄公共品供给不充分。不过村社内部筹资筹劳建设公共品却十分高效：一是几乎不可能出现通过筹资筹劳建设的公共品与村民需求相偏离的情况，村民公共品需求偏好与资源投入大多会有效结合；二是村社一定会以最节约成本、最保证质量的方式来建设公共品。

取消农业税后，不再向农民收取税费，村庄公共品建设也越来越依靠自上而下转移资源。自上而下转移进入村庄的资源往往难以与村民自下而上的偏好形成有效对接，结果就是，国家资源下乡却并未有效满足农民公共品需要，大量国家资源被低效甚至无效使用。围绕国家资源下乡形成了"分利秩序"：因为不需要农民出钱，国家资源下乡效率不高，甚至出现了大量浪费；资源下乡过程中的不规范为大量接触资源的群体提供了谋利机会，国家资源不仅被浪费而且有的被瓜分。

为了防止国家下乡资源被瓜分，国家制定了越来越多关于资源下乡的规范、程序、标准，并配之以各种检查监督。国家资源下乡是通过各个涉农部委下乡的，各个部委权力因此下乡，很快就变成各个部门争相扩大部门权力和推卸部门责任，资源下乡引发部门利益下乡。各个部门都愿意通过将部门工作政治化，将部门工作转变成地方政府中心工作，实行一票否决。地方政府在多中心工作压力下，为防一票否决，只能不计成本，不惜代价，甚至不顾实际地完成上级安排下来的中心工作。基层不仅面临"上面千条线"的要求，而且面临"上面千把刀"的考核，不得不通过透支资源来完成上级任务，因此出现了基层普遍的形式主义和繁重的工作负担。最糟糕的是，基层透支资源完成的上级任务基本上与基层实际没有关系，因此出现了基层治理中普遍的"悬浮型内卷"。

当前国家向农村输入资源，一定要将国家输入资源变成村民群众内在组织能力的提升。2002年开始，我一直在湖北四个村做乡村建设，向村庄输入有限资源起到了调动村民群众内在积极性的作用，从而做到了自外而内的资源输入与村庄自内而外公共品需求偏好的契合，调动起了村民群众建设自己美好生活的积极性。成都2008年开始搞村庄公共服务资金试点，湖北2022年推动共同缔造试点，都是在进行这样的探索。这种试图借自上而下、自外而内的资源来调动村民群众建设自己美好生活积极性的试验，是基层治理现代化2.0版。基层治理现代化2.0版的关键是，村民群众被发动起来，积极分子受到鼓励，他们可以对村庄公共事务进行共同建设，从而可以为小农户的生产、农业适老化改造、村社养老的互助提供强有力的支持。只有村民群众组织起来建设自己的美好生活，国家输入资源才有效，低能耗基层治理才有可能，农村才可以继续为中国现代化充当稳定器与蓄水池。

农村与城市之间不仅有差距而且有差异。当前中国农村有三种特殊的成分，使得农村特别适合于农民弱势群体的休养生息：一是村社集体经济与组织，二是传统村庄熟人社会，三是与大自然亲密接触的自然经济。农村收入不一定高，生活质量却不一定低，对于缺少城市就业机会的中老年农民尤其如此。在当前阶段，正是农村为农民弱势群体提供了保底与退路，为国家支持农民提供了场所与空间，从而换取了中国现代化突围的时间。

农村与城市差异最重要的一点是农村的自然生活。人与自然和谐、人与社会和谐、人与自己内心世界和谐，都是在喧嚣的城市所难以具备的，中国文化本质上是农耕文化，建设中华民族现代文明离不开乡村。一旦中国现代化完成突围，乡村新的前途将在我们面前展开。在现代化全面实现后，我希望中国现代化中包含着一个既具备现代功能又植根于文化传统的新乡村，可名之为"新乡土中国"。

以上是对我30年来主要研究的简单回溯。概括为一句：30年来，我主要围绕中国现代化问题展开对"三农"问题的研究。改革开放以来，中国之所以可以创造经济发展的奇迹，中国现代化可以获得如此巨大的成功，农民居功至伟，这样一种居功至伟甚至可以延伸到新中国成立以来的所有时期。这样一个结论并不是政治性的，而是可以落实在几乎每个具体方面：改革开放前30年农民为中国工业化提供了原始资本积累；改革开放以后，高素质且数量充裕的农民工使得中国制造具有压倒性的比较优势，从而为出口导向的中国经济做出巨大贡献；因为农民工可以退养农村，大大降低了中国保障体系的成本；农村和农民也为中国现代化提供了社会和政治稳定的基础条件。

总之，中国农民以不同面目参加了中国现代化，并做出了决定性贡献。中国农民作为主体而非客体参加了中国现代化的伟大事业，中国农民仍然将作为主体参加中华民族伟大复兴的事业。

农村的前途系着中国的前途。

二、中国的前途与乡村的前途

近代以来，中国的志士仁人前赴后继探寻救国救民真理，经过100多年努力，当前中国已屹立于世界民族之林，经济总量全球第二。目前中国虽然仍然是发展中国家，却已步入中等收入国家行列，工业制造能力世界第一，独立、富强的目标可以说已经达到。目前中国正努力向高收入阶段迈进，以期真正进入发达国家行列。中华民族伟大复兴的目标一定会实现。

从全世界来看，19世纪末形成的世界体系金字塔结构的塔尖构成基本上没有改变过。当前公认为发达国家的只有30多个国家，总人口不到9亿，主要为欧盟各国、美国、英国、加拿大、日本、韩国、澳大利亚和新西兰。100多年来，从金字塔塔底的不发达国家向上升到塔尖发达国家的，十分罕见。韩国、新加坡和我国台湾与我国香港构成所谓的亚洲"四小龙"，借冷战背景和地缘政治优势，创造了罕见的由不发达跻身发达国家与地区行列的特例。

作为特例的亚洲"四小龙"，总人口只有不到9000万，其中人口最多的韩国也只有5000多万人。从这个意义上讲，虽然"四小龙"跻身发达行列，进入金字塔塔尖，却并没有改变金字塔的结构。

之所以19世纪末以来的100多年，世界体系金字塔塔尖结构保持稳定，或者说发展中国家很难跻身发达国家行列，主要原因有二：一是塔尖国家形成了既得利益集团，主要是西方发达国家集团，再加上后起的日本和澳大利亚。西方发达国家集团凭借在工业化进程中的领先地位，形成了有利于自己的规则体系，即所谓"基于规则的国际秩序"。西方发达国家当然不会随便允许其他国家进入塔尖。二是发展中国家在发展过程中，后发优势往往变成后发劣势，核心是经济发展到一定阶段，不同阶级之间的斗争容易激化，政治不稳定，经济发展成果毁于一旦。

20世纪初，中国是世界上最不发达国家之一，也是人口最多的国家。中国由发展中国家跻身发达国家，难度可想而知。经过一百年奋斗，中国已从世界上最不发达国家跻身中等收入国家行列，已经创造了世界奇迹。

中国之所以可以跻身中等收入国家行列，有望变成发达国家，源于两个重要的条件：第一是新中国所建立的独立统一的政治体制，中国共产党强有力的集中领导，使中国可以避免政治上的不稳定。第二是中国农民为现代化提供了巨大支持，中国社会结构始终保持了弹性与活力。

现在的问题是，14亿人口的中国进入中等收入国家行列，GDP总量世界第二，平价购买力世界第一，必然对现行国际秩序构成影响，世界体系中的既得利益方/者会想方设法阻拦中国发展，中国现代化就不可能一帆风顺，很可能遇到惊涛骇浪。中国现代化的前途，中华民族伟大复兴的前途，就在于我们是否有能力应对惊涛骇浪，实现伟大突围。

新中国成立以来的70多年，中国从一个一穷二白、贫穷落后的国家发展到了中等收入国家，创造了世界发展史上的奇迹。中国还要继续发展，要跻身金字塔塔尖，任重道远。回顾历史，总结经验，为当下中国发展提供借鉴，具有重大理论与现实意义。农民与中国现代化的关系当是必须予以重视的。

中华民族伟大复兴，或中国现代化，从新中国成立以来算起可以划分为四个阶段：1949年至1978年的前30年；1978年至2006年取消农业税前大概30年；2006年至2035年，按国家战略，2035年是基本实现现代化的时点；2035年至2050年，全面实现现代化的阶段。

以上四个阶段，农村和农民在现代化进程中占据不同位置，发挥着不同作用，却都在起着特别重要的基础作用。某种意义上，正因为新中国采取了正确的农业、农村、农民政策，才可以在建国70多年取得经济发展的奇迹。

不同时期，乡村就有不同的命运、使命和前途。第一个阶段，乡村高度组织动员起来，不仅为城市工业提供源源不断且往往没有回报的资源积累，而且进行内部建设，将人多地少形成的剩余劳动力组织起来建设基础设施，提供公共服务，典型是兴办教育、医疗。第二个阶段，通过恢复家庭经营，释放农户内在生产积极性，从农业中释放出大量农村劳动力，先进入乡镇企业后进城务工经商，极大地推动了中国经济发展。第三阶段，越来越多农村青壮年劳动力进城，农村出现了老龄化、空心化。这个阶段的农村不仅为缺少进城机会的农民提供了与土地结合起来的收入、就业、意义，而且为进城失败农民保留了返乡退路，从而为中国现代化提供了应对各种危机的回旋余地。第四阶段，中国现代化基本实现，国家有能力建设一个更加美丽的乡村，乡村复兴就有可能。

中国的前途决定乡村的前途，乡村的前途系于中国的前途。正如中国现代化决定农业农村现代化，农业农村现代化系于中国现代化。中国现代化是一个整体，包括城市和乡村，也包括科技、工业和农业。实现中国现代化的意思是要实现城市现代化、农村现代化、工业现代化、科技现代化以及农业现代化等等。其中任何一个部分没有实现现代化，都很难说中国实现了现代化。同时，中国现代化内部各个部分之间并非齐头并进、等量齐观的，而是有主次、先后的。当前阶段，中国现代化的重点和关键显然在城市，因为城市为科技进步和产业升级提供了最基本的空间。从产业上讲，当前中国产业主要且越来越集中到二、三产业上，尤其集中到具有显著国际比较优势的中国制造和突破西方"卡脖子"技术上，农业现代化的重点仍然是要为缺少城市就业机会的数以亿计农民弱势群体提供收入、就业等保障，而不只是提高农业效率。正是由于不怎么现代的农业为数亿农民提供了保障，城市现代化才有空间，中国现代化才有能力应对各种风险挑战，中国在发展中才不会因为政治社会不稳定而功亏一篑。

一直到2035年基本实现现代化，不再需要兼顾解决农民问题的农业现代化才有可能。2035年基本实现的现代化仍然不是高水平的，甚至仍然是不稳定的，因此就需要有进一步发展。直到2050年全面实现现代化，才开始进入强富美乡村振兴的新阶段。这个阶段也是一个很长的历史时期。

中国乡村是一个复合体，在当前的中国，乡村同时具有多种属性和特质。依托土地的农业、人与自然的和谐关系、村社集体经济与组织、村庄熟人社会，为仍然留守农村或进城可能返乡农民提供了生产和生活的空间。中国农民都是集体经济组织成员，每户都有承包地，有宅基地，在宅基地上建有住房，作为村社集体成员享有集体收益分配权，是村庄的主人。在村庄生产生活，缺少城市二、三产业收入，收入不会太高，致富空间不很大。又因为农村有自然经济，有村社集体，有熟人社会关系，村庄生活成本很低。对于缺少进城机会的农村弱势群体，乡村空间为他们提供了基本保障与退路。

乡村不仅为走不出去的农民提供了保障，为进城失败农民提供了退路，而且为已走出乡村的农村人提供了乡愁、牵挂和魂牵梦绕的家乡。乡村是中国人的牵挂与宗教，落叶归根，入土为安。作为家乡的乡村可以为所有中国人提供人与自然和人与自己内心世界和谐相处的远方。

建设中华民族现代文明，离不开农耕文化，离不开乡村大地。乡村的前途系着中国的前途。

三、农村是中国现代化的稳定器与蓄水池

2001年，我在《新乡土中国》一书后记中提出"农村是中国现代化的社会稳定器与劳动力蓄水池"。应当说，过去20多年中国现代化的实践验证了这个判断的正确性。

亨廷顿在《变革社会中的政治秩序》一书中通过对世界上各个国家现代化的总结，得出结论：现代化带来经济增长，也同时带来政治不稳定。现代化带来不稳定的原因很好理解，即现代化造成了发展的不平衡，形成了不同阶级对经济剩余的集团争夺。发展中国家政治制度化水平普遍不高，难以吸收公民政治参与所带来的巨大能量，由此造成经济分化、社会不公平、政治不稳定。政治不稳定反噬经济发展成果，发展中国家由此陷入中等收入陷阱。

改革开放以来，中国现代化保持了令人惊讶的政治社会稳定。正是政治社会稳定为中国经济发展保驾护航，创造了中国经济持续增长的奇迹。

发展中国家在现代化进程中之所以容易发生不稳定，其中一个原因是城市化和市场体制为经济发展提供了巨大内生动力，同时又必然会产生出经济的分化。现代化必然是工业化和城市化，农民进城，脱离传统村社庇护，却少有资源，他们被吸纳进市场体系，却不一定能体面融入城市。一旦出现经济周期，他们还可能失去就业与收入。发展中国家往往缺少可以为进城农民提供保障的财政

能力，结果就是大量进城农民无法在城市体面生活，在城市出现了大规模贫民窟。贫民窟本身难以治理，并为异见政治家提供了最好的土壤，国家政治极化，各个阶级高度组织起来进行斗争，军人干政，军人政府与民选政府轮流做庄，经济政策难以持续。现代化变成翻烙饼，进一退三，难有进展。

中国在现代化进程中能够保持稳定，首先是由于中国共产党坚强有力的统一领导。同时，农村在中国现代化进程中也发挥了至关重要的基础作用。

回顾改革开放以来的中国农村发展，国家一直保持了相当稳定的农村政策，从而使村庄始终成为中国现代化的稳定器与蓄水池。分田到户，农户重获农业经营自主权，焕发出巨大生产积极性。农业发展，农民增收，农业生产效率大幅度提升。农业生产效率提升，大量农村劳动力从农业中释放出来，离土不离乡，进厂不进城，进入乡镇企业工作，乡镇企业崛起；进入20世纪90年代，越来越多青壮年农民进城务工经商，留守农村老年父母仍然耕种承包地，农户在没有显著减少农业收入的情况下增加了城市务工经商收入。越来越多进城农户有能力在城市安居，将农村获利机会让渡出来，留守农村的青壮年农民捕获这些获利机会，成为村庄中农（即"中坚农民"的简称）；国家通过实施乡村振兴，为农村提供了较高水平的基础设施和公共服务。虽然农村发展较为缓慢，基础设施与公共服务远不如城市，更没有城市众多的务工经商机会，从某种意义上讲城乡差距不是缩小了而是扩大了，但是，农村仍然为留守农村的农民提供了基本保障，同时也为进城可能失败的农民保留了退路。

一直以来，国家采取的都是不允许农民失去土地的政策，其中典型的是土地承包经营权一再延长，不允许宅基地交易，限制市民和资本下乡去争夺农民生存空间，尽可能将农村和农业利益留给农民。同时，国家又向农民开放了几乎所有城市市场机会。这样一来，农民就在可以继续获得农村与农业利益机会的同时，进入城市务工经商获取新的利益。

缺少进城能力的农民是农民中的弱势群体，正是因为国家限制了城市资本下乡，农民中的弱势群体也就可以从进城农民让渡出来的获利机会中获益。进城农民也有弱势群体，也就是那些可能进城失败的农民，他们因为预期可能进城失败，在进城时就会保留返乡退路。

当缺少进城能力的弱势农民可以从进城农民让渡出来的获利机会中获益时，他们就不会勉强进城去。当进城失败的农民有返乡退路时，他们也就不会选择在城市漂泊流浪。正是因此，中国现代化进程中就一直没有出现发展中国家普遍存在的大规模贫民窟。既然农村生活质量要远高于贫民窟，中国农民都有返乡权，当他们进城有困难或进城失败时，他们当然不会选择留在贫民窟，而愿意回到农村。

所有中国农民都是集体经济组织成员，都有土地承包权和村社组织成员权，在村庄中，只要与土地结合起来就可以有收入，能就业；村庄熟人社会，大家非亲即邻；集体经济为每个村民提供了基本保障；自给自足的自然经济成分降低了现金支出压力；人与自然亲密接触，可以大大缓解精神压力；等等。总之，只要在村庄就有办法。可能不富裕，却足以解决温饱；没有城市的体面生活，却比在外漂泊流浪要好得多。

在中国现代化进程中，农民是从农村出发进入城市寻找务工经商机会。他们并非全家进城，而总是在保留农村农业获利机会的同时进城，进城成功了，全家搬到城市，完成城市化，进城失败则再返乡。更为普遍的情况则是农民家庭长期在城乡之间往返，往往是年轻人进城年老父母留村，由此形成了所谓的"以代际分工为基础的半工半耕家计模式"。这样一种家计模式使中国劳动力再生产成本很低，这就为出口导向的中国制造提供了大量优质劳动力，从而使中国制造具有巨大的国际比较优势。从某种意义上讲，正是借助"半工半耕"，农村成为中国制造的劳动力蓄水池，才使中国可以成为地位稳固的世界工厂，具有巨大的工业生产能力。

正是不允许农民失去土地和家乡的制度安排，为缺少进城能力及进城可能失败的农民中的弱势群体提供了基本保障和最后退路，也就是为中国现代化进程中最为弱势的群体提供了出路。农民弱势群体不是流离失所，而是在农村仍然可以获得体面生活，虽然农村体面生活的质量不如城市体面生活，虽然农民仍然向往城市生活。他们会一代一代接力，在农村不断积蓄进城能力，终究绝大多数农民都会进城并在城市体面安居下来。

经济发展必然要有市场激烈竞争，正是市场激烈竞争带来了技术进步和生产力的发展。市场激烈竞争就会有市场失败，就需要有国家保障。市场机制要在资源配置中发挥决定性作用，发展中国家却可能缺乏财政能力保护市场失败者。如何为市场机制中的失败者提供基本出路与基本保障，就是一个严肃的政治问题。当农村可以为数以亿计农民弱势群体提供保障与退路时，中国就可以更加充分地发挥市场机制在推动经济发展、技术进步和产业迭代中的主导作用。

市场体制还存在的一个弊病是其周期性，有繁荣就会有萧条。繁荣周期，所有人都可以从市场中获利；萧条时，必然会有大量的破产与失业。经济周期以外还有各种全局性的不确定性，典型如2008年美国引发的全球金融危机和2020年新冠疫情。每一次危机都可能是致命的。其时大部分发展中国家会发生动乱，就是因为无法度过危机。一次危机可能让一个国家现代化的所有努力毁于一旦。

中国情况有极大不同，因为中国现代化进程中有农村这个巨大的稳定器。无论多么大的危机，在中国农村这个稳定器的作用下都很快可以过去。

2008年世界金融危机，中国2000万农民工失业，失去岗位。西方媒体大肆报道，认为中国很难应对这场危机，原因是中国社会保障不健全，一人失业，全家挨饿。2000万农民工失业，岂不是上亿人要挨饿？上亿人没有饭吃，还可能稳定得了吗？全国共有60多万个行政村，每个行政村按10个村民小组（即生产队）计算，就有600万个生产队。2000万农民工失业，平均到每个生产队也就三四个农民工失去工作岗位，他们提前回到了农村家中。2008年春节期间农民工返乡时，我正在贵州农村调研。我到返乡农户家中问他们，他们说这根本就不是一个问题，因为失去岗位回家，不就是多一双筷子的事情嘛，大不了打麻将时打小一点。可见，只要有农村作为退路，无论发生多么大的危机，中国都有能力应对。世界其他国家则缺少这种应对能力。从这个意义上讲，发生周期性经济危机，对世界上其他国家的确是危机，对中国来讲更可能是危中有机。

同样，2020年疫情期间，有3000万农民工春节后无法进城上岗，也没有变成危机或造成不稳定，就是因为中国体制为农民这个最大弱势群体尤其为农民中的弱势群体提供了农村这个基本保障与最后退路。

正是因为有了农村这个稳定器与蓄水池，中国现代化才有能力应对危机，才有可能更为彻底地发挥市场机制的作用，让城市容纳更多先进生产力，中国经济就更可能迭代发展，从而突破美西围堵。

　　未来10年到15年中，农村仍然是中国现代化的社会稳定器，劳动力蓄水池的作用则有所减弱。

四、"三轮驱动"的中国现代化

党的十八大报告提出"坚持走中国特色新型工业化、信息化、城镇化、农业现代化道路,推动信息化和工业化深度融合、工业化和城镇化良性互动、城镇化和农业现代化相互协调,促进工业化、信息化、城镇化、农业现代化同步发展",简称"四化同步"。在实践中,"四化同步"容易被误解为要齐步推进四化,尤其被误解为要齐步推进城镇化和农业现代化。有人认为,只有通过集中土地形成规模经营,才能实现农业现代化,因此就要鼓励农民进城。甚至有人认为,只有让农民进城,断绝与农业、农村的关系,鼓励城市资本下乡搞现代农业,才可以实现新型城镇化与农业现代化的同步发展。这种理解显然将城镇化与农业现代化的关系简化甚至庸俗化了。中国现代化各个部分与整体的关系远比齐步走要复杂得多。在中国现代化的各个部分中间,对现代化起到支撑作用的很可能不是农业现代化,而是以小农户为主体的农业农村经济,因为在过去和未来相当长一个时期,农业问题远不止是农产品供给和农业劳动生产率问题,也并非农业现代化问题,而是与农民问题结合在一起的"三农"问题。

在2035年基本实现现代化之前,农业问题的核心不是农业现代化,而是要为缺少城市就业机会的数以亿计农民弱势群体提供生计。这样的农业不够现代,也无法让农民通过农业致富,却可以为弱势农民提供保底与退路。甚至到2050年全面实现现代化前，农业现代化可能也是中国现代化最后面的一个环节。只有当中国已经真正突破西方围堵，在城市化和新型工业化方面取得决定性的进展，农业不用再背负为农民弱势群体提供保底与退路的责任时，农业现代化才有彻底推进的条件。当前国家战略提出要让小农户与现代农业有机衔接，就是要让农业现代化在中国现代化各个部分中慢半拍，而非进行齐头并进的现代化。

我在《城市化的中国道路》（东方出版社2014年版）中提出"三轮驱动的中国现代化"，主要是希望为小农经济长期存在的合理性辩护。"三轮驱动"是说，推进中国现代化的三个轮子应当是小农经济、中国制造和科技进步。改革开放以来，尤其是加入WTO以来，中国选择了出口导向的经济发展战略，借国际产业转移的机会，在沿海大力发展制造业，成为世界工厂。中国具有的显著的比较优势，其中核心是优质劳动力和土地制度上的优势，使中国制造具有显著国际竞争力。中国制造席卷全球，为中国赚取了大量外汇，支持了中国经济快速成长，推动了中国快速城市化。

起初，中国制造天下无敌，主要靠价廉物美，尤其是价格优势。中国制造重点在加工装配，核心技术不够，主要利润点也在外面，品牌、市场也在外面，中国制造处在价值链底层，赚的是血汗钱。尽管如此，通过当时的中国制造，劳动力有了工资，贸易差赚取了外汇。制造业迅速扩张，形成巨大规模，必然推动技术进步。产业之间形成了配套，配套本身就是生产力。与20世纪中国制造主要靠"三来一补"不同，当前中国制造几乎所有环节都具有了自主性，在产业链和价值链上的位置不断攀升，技术水平和产品质量都已达到了远高于过去的水平。

当前中国经济发展的关键是要突破西方"卡脖子"技术，全面推动科技进步和产业升级，实现中国产业的高端化，由中国制造向"中国智造"和"中国创造"升级。只有当中国产业实现由跟随、模仿到引领与超越，在产业链上由低端走向高端，在价值链上由底层进入顶层，中国才可以大幅度提高人均GDP水平，进入到发达国家行列。

由相对低端的中国制造到高附加值的"中国智造""中国创造"，不仅需要有国家持续的政策尤其是资金支持，而且需要充分发挥市场体制的作用。市场体制起作用的机制是"优胜劣汰"。只有通过激烈市场竞争，才能激发企业家精神，通过创新来谋生存。中国是世界上最大单一市场体系，可以在中国市场竞争中胜出的产业和企业，必定有能力走出国门参与国际竞争。假以时日，中国产业升级，在国际产业结构中处于优势位置，西方"卡"不住中国"脖子"，这个时候，中国就进入到经济高度发达阶段。一个有14亿人口的国家加入到发达国家行列，之前的世界体系金字塔结构必然面临巨变。

"中国创造"并不排斥中国制造，反而是以中国制造为前提和基础的。正是强大的中国制造为中国提供了强大工业能力，也为中国从国际贸易中获得了大量宝贵资源。中国用中国制造积累资源支持"中国创造"，支持科技进步和产业升级。"中国创造"是建立在中国制造基础上的，中国是有14亿人口的大国，绝对不能够搞产业空心化。对于14亿人口的大国来讲，不存在所谓低端制造业，因为正是所谓低端制造业为中国提供了强大产能，容纳了就业，可以支持高端制造业，以及可以为"中国创造"提供源源不断的资源支撑。

中国制造目前面临着东南亚、印度、墨西哥等众多发展中国家的竞争。这些国家目前的优势是劳动力廉价，以及美国主导建立去中国化产业链的企图。经过几十年发展，中国制造的优势现在不只是价廉而物美，更重要的是，当前中国已形成全产业链优势，具有远优于一般发展中国家的基础设施和人力资源。

未来中国即使完成了产业升级，也仍然要保持中国制造业的产能，毕竟中国是一个有14亿人口的大国。中国制造是"中国创造"的基础，"中国创造"才能让中国真正迈入发达国家行列，实现中华民族伟大复兴。在世界从发展大国一跃而成发达国家鲜有先例的百年历史中，在现有的国际处境中，在可能出现惊涛骇浪的情况下，以及在众多发展中国家的追赶下，中国要实现现代化的突围，就既要稳住中国制造，又要快速升级产业，实现"中国创造"。

稳住中国制造，就要有能力直面其他发展中国家的竞争，就依然要靠相对优质廉价劳动力的投入，快速进行产业升级；实现"中国创造"，就要有更多资源用于支持科技进步、产业升级。无论是中国制造还是"中国创造"，都需要有一个有效率的市场体制，都要优胜劣汰。

就是说，未来相当长一个时期，国家资源还是要用于追赶而非消费。国家必须要建立一个有效的保障体系，却可能只有有限资源投入到保障体系建设上来。

实际上，过去数十年，中国制造快速发展主要就是依靠了优质充裕的农村劳动力，而劳动力之所以具有竞争力，是因为农民工依托农村实现了劳动力再生产。农村劳动力再生产最重要的一环是，缺少进城就业机会的中老年农民仍然耕种了自家承包地，他们收入不高，消费不多，没有形成养老危机。正是农民家庭与土地结合起来完成劳动力再生产，青壮年劳动力进城，为中国制造提供了强大的劳动力支持。留守农村的农民家庭，因为不离村不离土不离家，依靠土地作为保障，大大减轻了社保基金压力，而且，正是农业和农村为缺少进城机会的农民弱势群体提供保底和为进城失败农民提供退路，成为中国现代化的稳定器与蓄水池。

因此，过去以及未来相当长一个时期，以农村留守中老年人为主的小农经济具有很强合理性。小农经济是驱动中国现代化的重要轮子，正是小农经济为中国现代化提供了稳定基础，为城市市场体制提供了对冲空间，为中国制造提供了廉价高素质劳动力，为科技进步、产业升级和"中国创造"的成长提供了足够的窗口期，缓解了未富先老的压力，以及提供了中国现代化进程中保持政治社会稳定和应对周期性危机的能力。

简单地说，能同时解决农民问题和农业问题的小农经济具有三个方面的功能：充当社会稳定器，降低社会治理成本，为经济周期提供缓冲。它们加起来提高了中国应对西方打压时的韧性。

我在《城市化的中国道路》中对小农经济、中国制造和"中国创造"三者之间的辩证关系有如下表述：

> 在未来30年，中国应采用三轮驱动的现代化战略：以传统农业为基础的小农经济继续为中国现代化提供稳定器和蓄水池，因此要长期保持，继续发展；以中国制造为基础的出口导向战略要长期坚持，为中国从世界上获取资源、技术和资金提供可能，长期保持中国"世界工厂"地位尤为重要；将传统农业所提供的稳定的社会基础和中国制造所挣来的血汗钱主要用于发展中国高新技术，推动"中国创造"的成长，实现中国产业升级，并因此能在全球化的国际分工体系中占据优势位置。
>
> "中国创造"的不断发展壮大，产业升级的由点到面，就为中国开辟出了全新的经济格局。那个时候，传统农业的改造，

中国制造的改造，就自然而然，顺理成章。

三轮驱动的中国现代化所主张的是，我们应当深入到中国国情中分析中国现代化各个部分之间的关系和其中的约束条件，而不是想当然地以为，小农户要被消灭。小农经济、中国制造和"中国创造"并非相互替代的关系而是相互支持、相互补充、并列前进的关系。中国是一个有14亿人口的巨型国家，中国正在进行史无前例的现代化突围，只有深入分析国情，调动各方面积极性，我们才可能通过卓越努力真正实现中国全面现代化。

五、市场—社会二元体制模型

　　一般认为，进一步深化改革也就是进一步市场化。市场化带来活力、效率和机遇，同时也带来风险。越是充分的市场制度越需要有效的社会制度来对冲与平衡。发达国家有能力在充分市场与完善保障之间建立平衡，发展中国家则往往缺乏建立完善社会保障的财政能力。中国作为全世界最大的发展中国家，虽然目前仍然不能建立覆盖全民的完善的社会保障，却通过城乡制度差异性安排，通过更加充分的城市市场与相对稳健的农村社会，形成了一个具有独特性的市场制度与社会制度之间的平衡，并因此保证了中国现代化建设中的稳定。城市充分市场制度与农村有效社会制度所构成的现代化建设中的独特对冲与平衡体制，我称之为市场—社会二元体制模型。

　　当前中国现代化建设过程中所形成的市场—社会二元体制，是中国现代化建设中的独特经验，并在中国现代化建设事业中做出了独特贡献。总结提炼市场—社会二元体制模型，有助于我们正确认识国情，认识农村，最为重要的是有助于我们认识当前的"三农"政策。

　　毫无疑问，改革开放以来，充分的市场体制在配置资源中起到了决定性作用，正是借助市场制度激活了各类经济主体内在积极性，推动了中国经济快速增长。

相对来讲，因为城市具有规模效益和聚集效应，天然适合二、三产业的发展，城市有着远比农村多的市场机会，激烈的市场竞争也主要发生在城市。城市有更多市场机会吸引农民进城，中国城市化高速发展。2000年中国城市化率才36%，2023年已超过66%。城市有着远比农村多的经济机会，农村青壮年劳动力进城务工经商，留守农村的往往是缺少进城能力的老弱病残，农村出现了普遍的空心化、老龄化，变得萧条。

城市充分的市场带来活力与效率，推动产业迭代发展，同时也会带来风险，产生失败。到目前为止，中国并没有建立完善的覆盖全民的社会保障体制。不过，中国通过保护性城乡二元结构在农村保留了一个有效的社会体制，为缺少进城机会的农民弱势群体，以及进城失败农民提供了在农村的保底与退路。通过城乡体制差异形成的具有中国独特性的市场—社会二元体制模型，可以简单描述如下：

1. 城市是高度市场化的现代部门，是市场体制，是现代化的动力源，扮演发展极，是推动现代化的关键。

2. 农村是相对社会化的传统部门，属于社会体制，是现代化的稳定器、蓄水池，是现代化的保障。

3. 现代化的过程同时也是城市化的过程，也就是农民进城的过程。城市有着远比农村多得多的市场机会，具有较强市场能力的农民更能够从城市获取就业与收入机会。进城成功就在城市安居，就融入城市。进城失败还可以返回农村。

4. 成功融入城市的进城农民是农民中的强势群体，他们不再需要农村和农业社会体制的保障与退路。

5. 缺少进城机会的农民和进城失败的农民是农民中的弱势群体，他们是当前农村和农业社会体制的主要关照对象，或乡村振兴及"三农"政策的服务重点，"目中有人"中的"人"就是这个农民中的弱势群体。

6. 随着中国现代化不断取得进展，越来越多进城农民可以在城市安居，以及国家越来越有能力为进城农民提供在城市体面安居的保障。因此就有越来越多农民不再需要依托农业与农村社会体制的保障。他们就让渡出之前的农村获利机会，从而大幅度缓解之前农村紧张的人地关系，并让留守农村的农民有了扩大经营规模和增加农业农村收入的机会。

7. 到了一个时点，比如2050年，进城农民都可以在城市安居，留守农民都有了适度规模经营，则"农业强、农民富、农村美"的乡村全面振兴就可以实现了。

8. 同时，中国全面而高水平的现代化目标也就实现了。

现在的乡村振兴战略和"三农"政策目标，就是要在中国全面建成社会主义现代化强国以及乡村全面振兴之前，通过建设农业农村社会体制，为缺少城市市场机会的农民弱势群体提供基本保障与最后退路，从而为高速现代化的城市市场体制提供对冲与平衡，为中国现代化提供应对危机的缓冲，最终实现现代化。

当前中国实行社会主义市场经济，市场在资源配置中起决定性作用，农村尤其是农业当然也要受到市场体制的约束，市场规律也当然是要起作用的。不过，因为中国农业和农村的特殊性，除了市场体制在起作用以外，农业与农村同时也是社会体制。

当前中国农村和农业具有的社会体制属性，建立在以下几个方面的基础上：

第一，农村土地集体所有，农户具有土地承包经营权。因为每个农户都有承包地，农户就不仅可以从承包地上获得收入，而且在心理上感到踏实，任何人都不可以剥夺农民的土地承包经营权。

承包土地的重要性表现在三个方面：（1）如果没有其他从市场

上获利的机会，至少可以种自家承包地。尤其留守务农的老年父母年龄大了，缺少城市就业与获利机会，他们身体却很好，有进行农业生产的能力且往往具有进行农业生产的意愿，他们就可以耕种自己的承包地，有了劳动机会，有了收入，有了建立在生产基础上的社会联结，以及有了自己仍然在创造财富的底气。（2）因为村庄中有自己的承包地，进城农民进城失败了"大不了回家种地"，进城就变得很有底气。（3）土地承包经营权也是一种身份，一种归属感，一种心理上的安全感。

第二，农户可以公平获得无偿使用的宅基地，几乎每个农户都建有自己的住房。无论是宅基地还是住房都不能买卖，只能自己住。

第三，村庄有大量自然经济和自给自足经济成分。发展房前屋后庭院经济可以满足农户部分日常所需。

第四，中国农民大都住在祖祖辈辈居住的村庄，村庄既是熟人社会，又是自己人单位，是村社共同体。村社共同体可以产生意义（相互的评价与承认），亲朋邻里，生产生活人情三位一体。村社共同体可以为农民提供相互支持（社会资本），交往产生评价和意义，老有所乐和老有所为也建立在这样的交往之中。乡村社会缺少抽象的信仰，村社熟人社会为每个人自我实现提供了价值空间甚至宗教空间。村社共同体也是每个农民的归属与乡愁。正是村社熟人社会为农民提供了交往空间、互助空间、价值空间和意义空间。

第五，农村与农业都是大自然的组成部分，空气清新，夜晚宁静，春华秋实，季节变换，"采菊东篱下，悠然见南山"，这样的环境可以让人放松，生活更有节奏。

简单地说，中国农村集体所有制让每个农户都有属于自己的土地承包权，历史形成的村社熟人社会共同体又为村民提供了互助空间、价值空间甚至意义空间，与土地结合使农村生活成本很低。2023年第一产业增加值只约占GDP7%，全国5亿农村居民甚至为9亿农村集体经济组织成员提供了基本保障，这些基本保障包括：温饱有余（有饭吃有房住），有安全感、归属感，有社会关系，可以与土地结合起来获得劳动权利，获得农业收入，熟人社会的互助和参与村庄公共事务，保证了政治权利和文化权利。虽然这种基本保障的水平不高，农民仅靠农业和农村收入也不可能富裕，却保持了在农村有尊严的体面生活状态，这是远比在城市漂泊流浪好得多的状态。

尤其重要的是，作为社会体制的农业与农村并非完全市场的，同样的现金收入在城市生存艰难，在农村却可能还有富余。这一方面是农村现金开支机会比较少，另一方面是农村大量自给自足经济减少了对市场的需求。

不仅当前作为社会体制的农业农村很重要，而且未来很长一个时期仍然要保持好农业农村社会体制这一重要功能。以市场—社会二元体制模型来反观当前学界和政策部门关于"三农"政策的主张，就会发现有诸多值得商榷的方面。

第一，片面追求农业现代化，甚至推动土地规模经营，忽视了农业不仅要解决粮食等农产品供给的问题，更需要为农民提供保障与保底。

第二，片面强调发展农村产业，试图通过发展产业来让农民致富。实际上农民致富的机会在城市，少数具有区位和资源优势的农村发展乡村旅游等，可以增加农民在农村的收入，这种模式却不可能推广。

第三，试图将农村建设得比城市更加宜居，就忽略了农村实际上只是为缺少进城机会农民提供的基本保障，且基本保障不可能高水平。比城市还要好的农村宜居环境，并非当前时期乡村建设的目标。

第四，试图通过"三块地"改革，借推动土地要素市场配置为农民增加财产性收入的名义来打农民宅基地的主意，这是危险的，是要不得的。

第五，将乡村工作的首要目标设定为让农民增收致富，是误解了当前作为社会体制的农村建设的核心需求。当前乡村治理的重点是为农民提供基本生产生活秩序。美好生活要靠村民群众自己去创造，增收致富的主要机会在城市，农村和农业的重要功能是保证粮食安全和保障弱势农民的基本生存权。

中国是一个人口大国，中国现代化史无前例。对于中国来讲，城乡之间往往不仅是城市和乡村两种地域的关系，而且也是现代与传统的关系，市场制度与社会制度的关系。当前中国快速城市化，核心就是农村人口进入城市，农民从农业进入到城市二、三产业，从一个相当传统的社会进入到一个更加现代的社会的过程。进城让农民有了更多机会，同时又可能更加脆弱。农民在城市化和现代化进程中这种既有机会又更脆弱的状态，是世界现代化过程中的普遍情况。中国现代化与世界不一样，其中最大的不同之一是，中国现代化进程中形成了制度化的城乡关系，即城乡二元体制。改革开放以来，中国城乡二元体制松动，几乎所有限制农民进城的体制机制障碍都已清除，却限制城市资本下乡。这样一种城市向农村完全放开，而农村只向城市有限放开的体制，就变成保护型城乡二元体制。正是保护型城乡二元体制，为现代化进程中相对弱势的农民尤其是农民中的弱势群体提供了基本保障和最后退路。也是因此，中国在现代化进程中保持了超乎寻常的稳定。

正是农村更加社会的体制，为城市市场体制提供了对冲与平衡。没有农村的社会体制，城市市场体制就可能缺少缓冲，没有余地，风险就会积累、转化和升级。在中国现代化和城市化的目前阶段，如何解决好作为市场体制的城市与仍然保留较多社会体制的农村之间的平衡，一方面推进市场化改革，加快城市发展和国内经济大循环，一方面又为作为弱势群体的农民尤其是农民中的弱势群体保留住农村这个基本保障与最后退路，是重要的智慧。

六、谁是农民

2016年出版过一部汇编论文与随笔的作品，题名《谁是农民》（中信出版社2016年版）。在中国现代化进程中，农民是众所周知拥有经济资本、社会资本和文化资本最少的群体。他们为新中国的建设流下了辛勤汗水，自身处境却普遍较为一般，因此获得社会的广泛关注。"农民"一词自带情感能量。20世纪90年代，因为农民负担重，干群关系紧张，"三农"工作成为党和国家工作中的重中之重。中央连续20多年出台涉农一号文件，充分说明了农民问题对于中国现代化的极端重要性。

对于农民，仅仅关心还不够，还要对其有深刻的认识。从根本上讲，农民的重要性在于农民阶级的力量。正是农民作为主体参加土地革命，才带来了社会重建；农民在人民公社时期的积累为中国工业化做了贡献；分田到户、乡镇企业都来自农民的创新精神；农民进城务工经商，廉价优质劳动力让中国制造天下无敌，中国成为世界工厂，经济持续高速成长，中国出口导向策略的成功，农民功不可没。可以说，新中国70多年，农民一直作为积极能动的主体参加了社会主义建设的各个阶段。农民一直是新中国现代化进程中的支持力量，这与世界一般发展中国家的情况差异极大。而且，正是农业、农村和农民成为中国现代化的稳定器，中国现代化进程才保持了超乎寻常的稳定。

现代化的过程一定是工业化和城市化的过程，一定是从传统到现代的过程，一定是打破传统观念与生活方式并向现代观念和生活方式转变的过程，也就是将一直以来占中国人口最多数的农民改造成为城市现代公民的过程。农民人数众多，无论是进城还是改变生活方式，他们都必须要自己努力积累改造的资本。现代化的过程也可以说就是改造农民的过程，农民愿意接受这个改造，积极参与这个改造，是中国现代化之所以顺利和中国可以创造现代化奇迹的关键之一。

进入21世纪，中国开启了高速城市化进程，城市化也就是农民进城。农民进城并非全家一次性搬进城市，而总是家庭青壮年劳动力先进城，在城市获得稳定就业与收入，可以安居下来后，再全家进城。如果进城失败，他们也就可能返回农村。农民城市化往往要经历在城乡之间的多次往返，甚至要经历几代人的接力进城，才最终可以在城市安居下来。

农民进城，总是有进城能力的农民和他们的家庭率先进城，表现出来的就是当前全国农村青壮年劳动力基本上都已进城了，经济条件更好、社会资本更多的农民家庭也已经进城。当前仍然有5亿留守农村人口，大多数留守人口都是缺少进城能力的农民，农村因此出现了老龄化和空心化，农村变得萧条。当前中国"三农"政策的重中之重就是要为缺少进城能力的仍然留守农村的农民，以及进城失败可能返乡的农民，提供出路。

因此，在当前阶段，我们就必须对农民进行分类，就一定要弄清楚哪一部分农民才是当前"三农"政策应当保障的重中之重。

谁是农民？

深圳、广州一些城中村改造，城中村农户可以获得上千万元甚至上亿元补偿。因此，有人举北京郑各庄的例子，认为应当让北京郊区的郑各庄农民实现自主城市化，也就是允许北京郊区农民在自己土地上面搞开发，据说这样就可以轻松让农民致富。进入21世纪，中国城市化加速，城市化就必须要征地搞建设，城郊农村土地，由农地变为建设用地，一亩建设用地价值几百万甚至上千万元，征地补偿一亩才几万元，农民因此要求提高征地补偿，一度占到一半的上访是关于征地拆迁的上访。实际上国家征地拆迁补偿并不低，几乎所有大城市近郊拆迁农民都获得了一套以上商品房和几十万上百万元征地拆迁补偿，这是没有征地拆迁机会的农民求之不得的，农民盼拆迁是一个常识。只是既然通过上访就可以增加几万几十万元补偿，农民为什么不博弈不去上访呢？当时媒体将征地拆迁上访农户当作农民的全部，就可能只是在支持属于极少数的土地食利者，而非真正支持农民，因为95%的农民是没有征地拆迁机会的。

当前社会上习惯于将沿海发达地区农民作为中西部农民学习的典范，政策也往往有如此倾向。比如普遍将浙江美丽乡村建设作为经验向全国推广。实际上，长三角地区和珠三角地区的农村已成为沿海城市经济带内在有机组成部分，那里的农民早已融入城市生产生活，与中西部仍然留守农村，主要从农业中获取收入的农民，是完全不同的群体。

陕西袁家村是当前中国最红的明星村了，因为一个看起来很普通的村庄，却可以通过产权设置，每年吸引数百万游客，并为村庄创造数以亿计的收入。袁家村村民依靠旅游富裕起来，村集体也有巨额收入。袁家村正将自己的经营模式向外输出。袁家村无疑是成功的，是市场经济中的勇者和胜者。当袁家村可以依靠市场获胜时，袁家村的农民就不再是我们通常所讲的农民。

那么，谁是农民呢？

如果按农村集体经济组织成员身份来界定农民，那么，当前中国还有9亿农民；如果按户籍来定义农民，当前就还有大概8亿农民；如果按当前仍然生活在农村的人口（常住人口）来计算农民，有接近5亿人；如果按仍然耕种土地的农民来计算，大概有2.2亿户；如果将虽然进城了家人却留守农村的进城人口也算作农民，大概有7亿农民；如果算上进城可能失败而要求保留返乡退路的1亿农民，加上农村常住人口5亿，合计就是6亿；总体来讲，绝大部分进城农民都愿意保留农村退路，以防万一进城失败，这部分进城农民也算作农民的话，农民总数就在7亿至8亿。

当前阶段，作为问题的农民显然不是作为食利者的农民，不是身处沿海城市经济带而已融入城市体系的农民，不是袁家村已成为市场赢家的农民，甚至也不是有能力进城务工经商的青壮年农民，以及有能力进城的强势农民家庭，而是缺少进城能力的仍然留守农村的农民，以及进城可能失败从而需要保留返乡退路的农民，这些农民是农民中的弱势群体。农民中的强势群体，就是有能力从市场上获利，从而成为市场赢家的农民，他们就不需要国家政策的特殊关照。缺少进城能力的市场上的弱者才是当前"三农"政策应当关注的重点。

那么这部分农民是谁呢？他们首先是留守农村的接近5亿农民，其次是进城却未在城市扎根的2亿多农民。

农民是中国城市化进程中的弱势群体，同时农民早已发生分化，其中相当部分农民已在市场上如鱼得水，成功地在市场经济大海中学会了游泳，在城市扎根下来。这部分农民是农民中的强势群体，他们只需要市场中的规则公平，并不需要有特殊政策的照顾。

市场经济优胜劣汰，城市生活成本很高。农民中的弱势群体是城市化和市场化中的弱者，他们才是"三农"政策应当重点保护的人群。能否让缺少进城能力的农民弱势群体保有农村的体面生活，他们在农村能否有基本保障和最后退路，将决定农民是中国现代化事业的支持者还是反对者。

从农民的角度来看"三农"问题，就很有趣。农村为缺少进城能力的农民弱势群体提供了乡村体面生活，他们收入可能不高，生活却远比在城市漂泊流浪要好。只要与土地结合起来，就可以做到衣食无忧。有能力就进城去打拼，进城打拼失败就返回农村。城乡都是自己的获利机会。有农村保底，从农村出发就无所畏惧。

农村作为社会体制，不仅仅是农村人与自然的亲近，更是制度安排，比如实行土地集体所有制，不让农民失去土地的政策。作为社会体制，农村建设就要防止市场体制的过度侵蚀，比如要尽可能将农业和农村获利机会留在农村，留给农民中的弱势群体，限制资本下乡。有越来越多农民进城了，进城农民让渡出来的获利机会应更多让缺少进城能力的农民分享，而不是只由市场来起作用，更不是由政府借推动农业现代化来将土地资源集中到资本大户。这是农村社会体制建设的精髓，也才是真正为农民的"三农"政策。在当前乃至未来相当长一个时期，农业问题必须与农民问题结合起来。脱离农民问题的农业现代化和农业强国，是错误的。

七、保护型城乡二元结构

新中国成立以后，为了实现赶超型现代化，形成了以户籍管理为主，以计划经济为手段，城乡分割的城乡二元体制。农村主要从事农业生产，为国家提供粮食和农业原材料。国家通过工农产品价格剪刀差，提供工业化的资源积累，推动了中国快速的工业化进程。到20世纪70年代，中国基本完成了工业化，建立了完整的国民经济体系。

实际上，在20世纪70年代城乡二元体制就已开始松动，典型表现是允许甚至鼓励发展五小企业，乡镇企业蓬勃发展。到20世纪90年代，乡镇企业产值占到全国半壁江山，创造了奇迹。乡镇企业奇迹之所以没有延续，原因很多，比如土地制度、面源污染等，根本原因则是分散的乡镇企业缺乏市场竞争力。当城市工业以及沿海城市经济带以"三来一补"为代表的制造业发展起来以后，乡镇企业由于缺少市场竞争力，绝大部分倒闭或转制。农民开始进城务工经商。

进入21世纪，随着越来越多的农民进城务工经商，国家开始系统消除限制农民进城的各种体制机制障碍。应当说，到了目前，几乎所有限制农民进城的体制机制障碍都已消除。反过来，全国城市尤其是县城，都在鼓励农民进城。城市不仅在争夺人才，而且在争夺人口，因为人口就是城市最大的资源。

中国赶超现代化战略，通过工农产品价格剪刀差来为工业化提供原始资本积累，就需要通过户籍制度限制城乡流动，及通过限制农村办工业，借高价工业产品来获得工业化的积累。尤其新中国工业化是通过优先发展重化工业实现的。重化工业是资本和技术密集型产业，容纳的劳动力比较少。重化工业的弱点是积累时间比较长，好处是一旦形成生产力，可以很快装备到轻工业，快速完成工业化。到20世纪70年代，中国工业体系基本建成，开始反哺农村。允许乡镇企业发展，就是允许农村通过工业化来获取之前工业产品上的超额利润，也就是对城乡二元体制的松动。改革开放以后，随着户籍制度的松动，以及户籍制度由福利制度转化为管理制度，农民可以自由进城了。再到当前鼓励农民进城，可以说，传统意义上的城乡二元体制已经不存在了。

传统城乡二元体制通过限制农民进城和限制农村发展工业，为中国重化工业优先的工业化提供了条件。这样一种城乡二元体制从农村汲取大量资源，却较少对农村反哺，因此可以称为剥削型城乡二元结构。

中国完成工业化以后，城市开始反哺农村，工业开始反哺农业，农村发展乡镇企业，农民可以进城务工经商，可以说，城市向农村和农民开放了。且随着中国经济持续发展，城市化加速，城市几乎不再有对农民进城的体制机制限制，农民获得了在城乡之间自由进退的权利。不过，总体来讲，即使到了当前时期，国家仍然采取保护农民不失去农村土地权利的相当谨慎的政策，并限制城市市民和资本下乡，比如不允许宅基地交易，延长农户土地承包经营权，允许农民进城却不退出农村土地承包经营权，甚至农民户籍迁入城市后仍然可以保留集体经济组织成员的身份。面对资本下乡流转土地搞规模经营和发展现代农业，也持相当谨慎的态度，强调要让小农户与现代农业相衔接。国家在城乡关系上面采取的允许农民进城，限制市民和资本下乡的制度，就形成了当前实际上存在的保护型城乡二元体制。这个保护型城乡二元体制既为农民中有能力的强势群体提供了进入城市市场获利的机会，又避免了城市强势群体下乡去与留守农村弱势农民竞争有限的农村资源。城市高度市场体制与农村社会体制形成了一种相反相成、对立统一的关系。正是保护型城乡二元体制，使得农村的社会建设具备了体制条件。城市是中国现代化的发展极，是高度市场竞争的体制，是优胜劣汰的。正是城市市场体制推动的产业迭代发展，为中国经济成长做出了最大贡献。农村是中国现代化的稳定器，是有效社会保障的体制，是为市场竞争中的弱势群体提供基本保障和最后退路的。正是农村社会体制为市场竞争中的失败者提供了退路，才可以允许市场充分竞争，在资源配置中发挥主导作用。

保护型城乡二元结构既依赖于城市与农村不同的区位、产业和制度条件，又依靠国家制度保障。如果没有国家制度限制，农村社会体制根本就经不住市场力量的冲击，比如，如果允许农民宅基地买卖，当前已经充分货币化了的城市市场就有足够能力买下农民宅基地，结果可能只是城市人在农村多了一个看星星月亮的地方，失去土地的农民进城失败后却只能漂泊流浪失去家乡。再比如，如果允许土地买卖，城市有积蓄的市民一定愿意到农村买土地以保值，当前我国台湾地区实际上就是这样做的。

不仅要保护农民的土地、家园和家乡，而且应当对资本下乡流转土地搞规模经营有一定限制。2023年河南省连续发生几起资本下乡搞经营，当地土地流转给大户，留守老年人在秋收季节捡拾大户作物的"哄抢事件"。其中原因就是缺少进城机会农民的土地流转给大户了，他们失去了与土地结合起来的条件。留守农村老年人的捡拾显然不是治安事件而是政治性的。

保护型城乡二元结构概念是我在 2007 年提出来的，以此概念来反观当前关于城乡关系的说法，就有很多进一步讨论的必要。

中央一再讲要破除城乡二元结构，这当然是很重要的，中国现代化必须打破城乡壁垒，畅通城乡关系。

显然，中央讲的打破城乡二元结构，主要是指要打破传统的城乡二元结构，尤其是限制农民进城的城乡二元结构，但绝对不是打破对农民的体制性保护，用市场体制去取代农村社会体制。

城乡融合和城乡一体化也被设定为政策目标。从未来看，尤其到中国全面实现现代化阶段，城乡之间将不再有差距，城乡所存在的只有差异，即农村是人与自然可以更亲密接触的地方，城市则更为繁荣喧嚣。而从目前乃至未来相当长一个时期来看，城乡之间肯定会存在差距，且正是借助城乡差异来弥补城乡差距，即是说，当前时期，要借用农村容易进行社会体制建设的优势来为城市激烈市场竞争创造对冲与平衡的条件。也就是说，城乡融合和城乡一体化是需要一个很长过程的，且城乡如何融合和一体化也是需要有高超智慧的。

当前很多经济学家和政策部门的同志都试图通过所谓激活农村沉睡土地资源来创造巨额财富，以让农民致富，这种想法存在很大的迷惑性。

城乡之间的关系并非齐步发展，而往往是错位发展的，农村现代化比城市晚半拍，这应当是一个规律。同时，城乡融合并非城乡之间不存在差异，更非城乡同质。在保留城乡不同功能情况下的城乡融合，城乡之间往往是相反相成、对立统一的关系，而非城乡功能没有区分。

八、兜底式乡村建设

乡村振兴是当前"三农"工作的总抓手。乡村振兴具有强大号召力，内涵也极为丰富，因此就有各种不同解读。一方面，经过持续几十年的高速增长，中国现代化取得巨大进展，中国目前已跨入中等收入国家行列，正向着高收入国家飞奔。中国城市基础设施和现代化程度一点也不差于欧洲，当然也就不能允许中国"城市像欧洲，农村像非洲"，因此，建设一个与中国城市现代化相匹配的农村，实现乡村与城市的同步繁荣，似应为当前政策题中应有之义。另一方面，中国现代化也是城市化的过程，城市化就意味着农村人财物资源流入城市，农村因此出现了空心化、老龄化。农村不仅没有比过去更繁荣，反而变得萧条起来。甚至因为农村有才干的年轻人进城去了，农村基本秩序难以维系。因此，通过乡村振兴来维持农村基本秩序，似为当前政策的题中应有之义。

同样，基于中国快速发展和现代化取得巨大进展，却可以产生两种不同的关于如何建设农村的政策判断。一种认为，既然中国经济快速发展了，中国现代化程度提高了，就不能只是城市变得繁荣，农村也要繁荣。另一种则认为，现代化同时也是城市化，农村人财物流入城市，造成农村基本秩序难以维持，现在农村政策的重点并非要让农村与城市一样繁荣，而是要保持住农村秩序的底线。

乡村振兴作为"三农"工作总抓手，有两个特别重要的关于其内涵的概括：一是二十字方针，即"产业兴旺、生态宜居、乡风文明、治理有效、生活富裕"；二是"农业强、农民富、农村美"，可以简称"强富美"的乡村振兴目标。按中央部署，乡村振兴战略有一个很长期的规划，即要在2050年全面实现"农业强、农民富、农村美"的乡村振兴目标。这是长期战略目标，是在中国全面实现现代化基础上才能达到的目标。目前距2050年还需要有至少五个五年计划，所以只可能是远景。目前阶段乡村振兴怎么做？显然不可能将远景目标当作当下的目标。

现在的问题是，中国经济发展存在显著的区域不平衡，因此有地区要率先实现农业现代化，率先实现共同富裕，以及率先实现乡村振兴。"率先"的意思就是将2050年"强富美"目标移至当下。率先实现乡村振兴目标的地区、村庄，就成为全国其他地区学习的典范与榜样。

同样的问题在于，有能力率先实现乡村振兴目标的地区或村庄，可能与全国绝大多数地区和村庄具有完全不同的境遇或发展逻辑。以苏州为例，苏州提出率先实现农业现代化，其前提是苏州农民早已市民化了，苏州农业只需要解决农业本身的问题。而全国绝大多数农村，农业必须要为仍然留守农村的数以亿计农民提供农业收入、就业，苏州农业现代化的经验就不可能照搬到全国其他地方去。陕西袁家村通过发展乡村旅游实现了"强富美"，袁家村是市场经济的幸运儿，全国数以千计村庄学习袁家村几乎没有成功的，当然也不可能成功，因为农村旅游所可以支撑的"强富美"村庄必定是有限的。全国绝大多数村庄所要解决的问题不是"强富美"，而是维持住基本秩序，为现代化进程中、市场体系下最为弱势的数亿农民提供保底和退路。

因此，至少在当前阶段，在全国绝大多数农村地区，作为"三农"政策总抓手的乡村振兴目标并非是"强富美"。

　　显然，农业强也要分为两个阶段，或两个不同时期的目标。一个是最终目标，即农业生产率高，装备现代，技术领先，规模经营，市场竞争力强，可以供给质优价廉的农产品，具有很强的国际竞争力等。这样的农业强现在还做不到。

　　在当前时期，农业的目标是必须同时具备两大功能，发挥两大作用。一是保证粮食安全。粮食安全是国家安全的基础，一旦粮食不能自给，被人"卡脖子"，在关键时期就会出大问题。当然，粮食安全并非一定要生产出粮食储备在粮库，粮食生产也并非越多越好，因为谷贱伤农。重要的是保持产粮能力，因此要藏粮于地和藏粮于技。二是要让缺少进城能力的农民可以从农业中获得收入与就业。因为当前中国仍然有2.2亿农户，有近5亿农村居民，就注定中国农业必然是小规模的，是精耕细作基础上的，不可能一开始就是通过规模经营大农业来实现农业强。只有当越来越多农民进城并可以在城市扎根，从而让渡出他们的农村获利机会，需要依托农业生活的农民人数大幅度减少，中国才能发展以规模经营为基础的现代农业，才可以做到通常意义上讲的"农业强"。这还要很长时间，可能还要五个"五年计划"才能实现。

　　关于农民富，如果只看沿海城市经济带的农民，诸如陕西袁家村的农民，以及已进城安居的农民，说这些农民富，应当是没有问题的。不过，当前农民的主体应当是缺少城市市场机会的农民中的弱势群体。这部分农民缺少从城市市场上获利的能力，往往只能依托农业和农村的有限收入。在农业GDP占比约7%的情况下，即使所有农业收益都归到农民，农民也不可能富裕起来。

　　如前已述，当前的中国农民已经发生了巨大分化，当前农村政策容易出现的问题是，通过政策来实现少数农民的富裕，却可能剥夺大部分农民的生存机会。以家庭农场为例，据说农民要获得相当于城市的收入，至少要200亩土地。按200亩一个家庭农场计算，全国也就只能容纳不到1000万个家庭农场，而当前中国有2.2亿农户。实际上，既然农村中的强势群体具有从市场上获利的能力，国家政策就不应当额外支持。机会最多的市场在城市。或者说，想致富的农民更应当进入城市寻找致富机会。城市机会多、成长快，有远比农村和农业多得多的致富可能。同样，通过政策鼓励农民工返乡创业，也很可能演变为本来在城市获利的农民中的强势群体回到农村与农民弱势群体争利。

农村美，在两种情况下是真的美。一是在沿海城市经济带，城乡一体，农村早已有机融入城市之中。农村山清水秀，绿水青山就是金山银山。比如美丽乡村建设走在全国前列的浙江农村，是真的美，苏南农村、上海郊区农村也都很美。二是在特定区位具有资源条件的农村，可以通过农村美丽环境打造，发展农旅，借农旅来挣钱。

全国绝大多数地区的农村美。能做到干净整洁就不错。要大美，甚至要比城市更美，可以吸引城市人来度假，这就不大可能，因为美好环境建设是要投入和付费的，环境越好，付费越高。在农民收入有限的情况下，他们对环境的需要也是有限的。美好环境总是与生活在这个环境中的人的经济水平相匹配，当前生活在农村的主体是缺少进城能力的农民弱势群体，他们收入有限，就不可能为建设美好宜居的环境而付出高额费用。

当前地方政府在乡村振兴实践中普遍盲目，将有限财政资源集中用于极少数"强富美"示范点的打造上了，结果可能不仅无法做到真正的"强富美"和乡村振兴，反而恶化了当前"三农"政策应当重点关照的农民中弱势群体的处境，从而破坏了中国现代化的大局。

当前阶段乡村振兴的重点不是抽象的"强富美"，而必须"目中有人"，即服务于缺少进城能力的留守农村的5亿农民。

九、小农立场

2013年我在中国政法大学出版《小农立场》一书，在《小农立场》封面上写有这样一段话："小农立场是中国的国家立场、民族立场，是中华民族实现伟大复兴的立场。"

我这里讲的小农，也可以理解为小农户，尤其是当前缺少城市获利能力的仍然种着自家承包地的农户，实际上大多并非农户全家，因为家庭中的年轻人都已进城去了，而留下进不了城的中老年农民。他们进不了城，身体状况又还不错，种自家承包地，有收入，有劳动，有意义，还有建立在农业生产基础上的村庄熟人社会关系。当前中国仍然有接近90%的农村耕地是由本村农民耕种，其中接近60%仍然由农户自己耕种（即自家承包地）。

除了由留守老年父母耕种自家承包地以外，农村普遍存在因为种种原因没有进城的青壮年夫妇。他们从进城农户那里流转土地以扩大耕种规模，形成适度规模经营，他们为老年人农户提供农机服务，为流出土地的进城农民照顾老人或照看房子。通过流转土地形成适度规模经营的青壮年农民就是中农，在社会结构上面我称之为"中坚农民"。"中坚农民"也是靠自身从事农业生产，因此也是小农。

当前中国现代化进展迅猛，城市化高速发展，市场在资源配置中起决定作用，城市是经济成长的主要场所，提供了大量市场机会，农民中的强势群体正在进城并从市场中寻找获利机会。越来越多进城农民在城市获得了稳定就业与收入，并逐步在城市扎下根来。

因为经济成长主要发生在城市，城市是市场最为活跃的地带，城市吸引了绝大多数农村有能力进入市场的农民。这些农民是农民中的强势群体，与此相应的是，留守农村的大多数是农民中的弱势群体，他们缺少进城能力。进城农民中也有人会进城失败，这些进城失败的农民很有可能要退回农村。"小农立场"是说，无论是留守农村的农民，还是进城失败要返回农村的农民，他们都是农民中的弱势群体，他们缺少市场能力，所以他们就需要有一个体制来保护他们。这个可以保护农民中弱势群体的体制，就是村社集体、熟人社会和自然经济共同构成的农村社会体制，即只要他们可以与土地结合起来，他们就可以获得基本保障与最后退路，就不至于流离失所、漂泊不定，就可以休养生息，积蓄能力，在适当的时候再次进入竞争激烈、风险很大、收益也多的城市市场。

小农立场因此主张限制城市资本下乡进入农村和农业，主张建立农村社会体制，强调农村作为稳定器和蓄水池的作用，防止极端市场化主张。

中国现代化之所以可以顺利，中国经济之所以可以创造奇迹，中国之所以可以应对几乎任何危机，就是因为中国在现代化进程中妥善解决了作为农民弱势群体的小农的问题。正是小农有了出路，中国现代化才有前途。

也是因此，小农立场就是中华民族伟大复兴的立场。

第二篇

巨变的时代

一、新乡土中国

　　我20世纪90年代开始持续近30年在全国农村调研，认识到巨大广袤的中国，不同区域差异巨大。同时，正是从20世纪90年代开始，中国开启了快速城市化进程，农民进城务工经商，之前相对封闭的村庄变得更加开放，农户收入越来越依靠进城务工工资，全国不同地区均开始了伴随着村庄萧条的转型。这是一个巨变的时代。我在近30年对中国农村的观察，形成了对中国乡村巨变的独特认识。

　　费孝通在20世纪40年代所写的《乡土中国》，是他对传统中国乡村治理与秩序的一种理想型描述。在《乡土中国》中，费孝通结合自己对中国乡村的有限调研，借助对传统中国文化秩序的有限认识，以西方理论为参照，描述了一个相对静态的乡土中国的秩序。应当说，费孝通对传统乡土中国的描述是天才性的，又是粗线条的，也带有很大的想象性。

　　20世纪90年代开始农村调研后，我也经常写调查随笔。到2002年汇编起来已有110多篇，在友人建议之下，选出60篇汇编为《新乡土中国》，在广西师范大学出版社出版。取名《新乡土中国》，是想沾费孝通《乡土中国》的光，后来发现《新乡土中国》与《乡土中国》竟然有着深刻的联系。《乡土中国》在国外出版时的英文书名是"From the Soil, The Foundations of Chinese Society"，可以直译为"捆绑在乡土上的中国"。《新乡土中国》提出"农村是中国现代化的社会稳定器与劳动力蓄水池"。进入21世纪，中国经济发展进入快车道，出口导向经济发展战略中，依靠农民工质优价廉的劳动力，中国制造天下无敌。农民进城并未脱离农村，农村在中国快速现代化进程中仍然起着基础作用，甚至也可以说当前中国仍然是捆绑在土地上的，因为农村仍然是中国应对各种风险最有力的稳定器。

《乡土中国》写于新中国成立之前。新中国成立以后，全国进行了彻底的土地改革，摧毁了传统的经济结构，通过互助组、合作社，到人民公社，形成了完全不同于传统时期的农村基层组织。这样看来，新中国农村社会结构与传统时期是完全不同的。不过，新中国的人民公社体制，三级所有，队为基础，将作为基础的生产队建立在传统自然村的基础上面，是要利用传统社会结构的力量来建设社会主义新农村。人民公社时期，中国实行城乡二元体制，农村主要从事农业生产，且农民几乎没有进城获取收入的机会。从这个意义上讲，农民仍然是捆绑于土地上的，村庄也是封闭的。农民的生产生活都依托于土地和村庄，村庄是熟人社会，共同生产生活必然形成强有力的规范。

分田到户以后，农户重新获得经营自主权，之前农业中的过剩劳动力离土不离乡，进厂不进城，农村通过发展乡镇企业来增加农民收入。到20世纪90年代，乡镇企业纷纷关停，农村剩余劳动力开始大规模进城务工经商。到了当前阶段，农村几乎所有青壮年劳动力都已进城，农户收入中工资性收入早已超过农业经营收入。村庄空心化、老龄化，已完全不同于传统的村庄了。

也就是说，新中国的村庄，如果从村庄封闭与开放，完整与不完整，收入主要来自村内还是村外，来自农业经营还是务工收入，可以划分为两个阶段。农民工开始大量外出之前的阶段。大概相当于20世纪90年代中期之前的阶段，这个阶段村庄相对封闭，农民生产生活主要局限在村庄内部，农户收入主要来自村庄农业经营收入。之后农村进入巨变时期，随着越来越多农民进城务工经商，村庄边界完全开放，农户收入越来越依靠外出务工收入。之前的村庄，因为相对封闭且生产生活主要发生在村庄内部，村民之间就十分熟悉，甚至都是自己人，村庄是典型的熟人社会，村民受到众所周知的规范约束。之后的村庄，因为村民主要经济活动并不依靠村庄，村庄规范约束力变弱，村庄逐步成为"半熟人社会"，之前完整的村庄社会结构开始瓦解，村将不村成为事实，国家通过乡村振兴来维持农村基本生产生活秩序就变得重要而迫切。

村庄由熟人社会向半熟人社会、由强规范约束到弱规范约束、由封闭向开放演变，起点在于20世纪90年代开启的城市化进程。应当说，中国广袤农村几乎同时开启这样一种演变，也在向相同的方向演变。不过，正因为中国农村地域广袤，不同地区开启这样一种同向演变的起点是不同的，其过程与逻辑也存在微妙差异。

我是20世纪90年代开始做农村调研的，可以说，我在全国农村调研正好赶上了这样一个村庄由封闭向开放演变的过程，从而可以亲身体验到这种改变的力量。刚开始在全国农村调研，强烈感受到的是不同地区的差异，尤其是村庄社会结构和农民关于人生任务定义的差异，因此形成了关于"南北中国"和"文化中国"的感性认识。随着调研的持续，农村巨变所产生出来的力量让我认识到，"南北中国"的重要性正被"东西中国"取代，经济发展及由此产生的社会分化，越来越在决定基层治理秩序上起到主导作用，市场果然具有摧枯拉朽横扫一切的力量。对于中国最广大的中西部农业型农村地区，青壮年农民进城以后，农村意外产生出一个中农群体，开始形成某种意义上的自生自发秩序，特别有趣。

进入21世纪，乡村社会的巨变发生在三个层面：第一个层面是国家与农民关系之变，典型的是2006年国家不仅取消了农业税，而且开始向农村输入越来越多资源，这个问题的具体讨论将在第三篇展开。第二个层面是农村社会结构之变，其中典型的是遭遇城市化和市场经济双重冲击的村庄社会结构的变化。本篇将重点讨论这个问题。第三个层面是农民关于"活法"的定义开始发生变化，第四篇的讨论将涉及这个问题。总之，进入21世纪，农村开始了真正的巨变。

当前时期，如何激发农民的内在主体性，进行乡村建设，是一个重大政策。我们必须要对中国农村本身有认识，否则，国家向农村输入资源就可能好心办成了坏事。

我们要理解这个巨变的时代。

二、半熟人社会

　　1999 年在江西崇仁调研村委会选举，发现了一些有趣的情况，江西是宗族型地区，自然村往往都是具有一定规模的宗族村庄。人民公社时期，国家有意将不同宗族自然村组织在一起形成规模比较大的行政村。我们观察选举的几个行政村规模都在 3000 多人，在选举中有优势的大姓，当选村委会主任比较多，为了搞平衡，乡镇就只好安排第二大姓担任村支书，安排第三大姓担任村会计。村干部并非都是按选举产生的，村干部的组成必须反映村庄内部的宗族结构。我称这种现象为"村级权力结构的模化"。无论是选举还是上级安排村干部，村干部结构都必须反映村庄宗族结构，否则村级治理就难以进行。

　　在江西调研还发现，行政村一级人口超过 3000 人时，村民之间其实已经不很熟悉了，村干部也是分片负责，主要负责本宗族的工作事务。自然村一级往往是同一个宗族，人民公社时期又是一个生产队，共同生产和生活，也是共同的人情单位。自然村就是真正的熟人社会甚至是自己人社会，超出自然村的行政村只能是半熟人社会。半熟人社会选举，村民对候选人的情况就没有那么了解，选举存在信息差。如果在乡镇一级进行选举，一个乡镇几万人，就相当于陌生人社会。这样的规模就需要有一定程度的竞选，并需要有超过个人的组织党派力量参与。在 2000 年前后，四川、深圳、湖北都进行过乡镇直选的试点，不太成功，试点也就无疾而终了。

"半熟人社会"这个概念很有趣，因为一旦提出了"半熟人社会"，就必然会有一个"熟人社会"。之前学界并没有"熟人社会"这个概念。在费孝通那里只有乡土社会、礼俗社会，而没有熟人社会。熟人社会的核心是熟悉，彼此之间很了解，信息对称，不仅知道对方的底细，而且可以预判对方会不会守规矩。比熟人更小的圈子应该是自己人，自己人就是要多讲责任和义务，少讲权力和利益。自己人社会的典型是家庭。每个家庭都是共产主义单位，各尽其能，按需分配。传统时期普遍存在联合家庭，联合家庭必须有强烈的自己人认同，且往往还需要有一个具有权威的家长。当前时期不要说联合家庭基本不存在了，就是主干家庭也迅速减少，核心家庭占了绝对主导。比家庭更大的自己人单位是宗族，至少在当前的华南地区还是普遍存在宗族认同的。

自己人社会，无论是家庭还是宗族，都不能相互算计，一算计就伤了感情，家庭和宗族认同就会出现危机。传统熟人社会因为是长期共同生产生活的，也往往是人情单位，非亲即邻，因此也不应当相互算计。在村庄相对封闭的情况下，一旦熟人社会中有人算计别人，他的算计就会被熟人社会中的其他所有人知道，并因此避而远之。他就成了村庄熟人社会中的边缘人，自己或儿子就可能说不上媳妇。

现在的问题是，随着村庄边界的开放，村民都有了更广泛的活动和获利空间，因此就可能会有人算计，有人利用村庄共同的规范来谋利。比如，农村熟人社会中的人情是应对生老病死等人生大事的，既是众筹，又是互惠，通过人情往来将一个熟人社会变成相互亏欠的自己人社会。如果有人希望借办不该办的酒席来收回人情，有人效仿，就可能出现村民借办酒席谋利敛财的情况。一旦如此，之前作为村庄熟人社会润滑剂的互惠的人情，就变成了村庄熟人社会中的毒药。2004年在湖北一个村庄调研水利，村民十分愤怒地说："怕饿死的就会饿死，不怕饿死的不会饿死。"他说的是村级灌溉泵站要抽水灌溉，需要有农民出资出劳对泵站进行维护。泵站不能抽水，所有农户就无法春耕，秋天就没有收获，就会饿死。怕饿死的农民就不得不出资出劳去维护泵站。一旦泵站维护好了，可以抽水，所有农户的耕地都被灌溉了。没有出资出劳农户就是不怕饿死的农户，他们免费获得灌溉，当然就不会饿死。问题是，在村庄熟人社会中，大家都彼此了解，村庄怕饿死的村民就那几个，每次集体事务大家都指望这几个村民出资出劳。他们收获却并不比其他人多，结果就是每次都出资出劳的村民成为村庄最穷的人，说不起话的人，成为首先被饿死的人。一旦这些人饿死了，村庄公共品供给陷入困境，所有人就都要被饿死。

就是说，如果熟人社会中信息是对称的，彼此都很了解，却缺少共同规范，或因为村庄边界开放，对于不守规范的违规者缺少惩罚（包括边缘化），熟人社会就会变成相互利用，最终耗尽所有道德能量与社会资本。

当前中国农村，农民正在进城，几乎每个农户中的青壮年都进城去了，农户收入大部分来自城市务工收入。留守村庄的多为老弱病残，即为农民中相对弱势的群体。这个村庄熟人社会，吴重庆叫作"无主体熟人社会"，因为村庄主体人群进城去了，且村庄缺少了过去那种显而易见的规范的正当性、正气、正义感。

也就是说，当前在自然村内，村民相互之间可能不那么熟悉了。因为村庄边界开放，村庄缺少对违规搭便车者的惩罚，村庄规范逐步弱化，甚至有村民利用村庄规范来算计获利。村庄失去了主体性，不再有能力回应与村民生产生活密切相关的各种公共事业。

这样一种村民之间不是那么熟悉，村庄规范和规矩弱化，缺乏实现自我利益能力的村庄社会，就是一种"半熟人社会"。在半熟人社会中，信息不完全对称，规范缺乏约束力，集体行动容易陷入困境，社会成本因此变得很高。

当前中国农村不仅普遍"半熟人社会"化了，而且普遍老龄化和空心化了，村庄出现了无主体的问题。如何重建村庄社会的主体性，应当是当前"三农"工作的重中之重。

重建村庄主体性，必须要深刻认识村庄。农村青壮年劳动力进城去了，他们让渡出之前的农村获利机会，就可能滋养出一批新中农。缺少城市就业机会的低龄老年人，他们身体很好，与土地结合起来就可以进入人生第二春，他们也就有能力在村庄发挥重要作用。将仍然留守村庄的村民组织起来，让他们形成主体性，建设自己的美好生活，是当前乡村振兴的核心问题。如果留守在村庄的村民组织不起来，那就再用国家资源去激活试试，一次不行两次，一个地方不行，就再找一个地方试。然后将成功经验推广到全国。自上而下的资源输入如何与农民自下而上的公共品需求偏好、组织能力结合，是当前"三农"研究中最有理论与政策意义的主题。

除了信息不完全对称、村庄规范弱化、集体行动能力下降，"半熟人社会"还强调村庄原有价值意义体系的解体，或者说村庄价值生产能力的弱化。价值意义体系是村庄的文化主体性，是农民关于"活法"的定义体系、解释体系。在市场经济和城市文化的冲击下，农民失去了依托村庄定义和解释活法的自主权，这是更深层的社会巨变。总之，"半熟人社会"概括了巨变中的乡村社会性质。它显然已不同于传统时期的熟人社会、乡土社会，也完全不同于城市的陌生人社会，而是一种新的社会形态的理想类型。

三、农民认同与行动单位

农民认同与行动单位是指农民在某些层面形成自己人认同并能够产生一致行动的内生结构单元，它形塑了农民的心理与行为逻辑，并且成为影响村庄政治社会生活的底层架构。这个概念有点复杂，大概包括两个方面：一是农民并非原子化的个体，而是有一个自己人单位的；二是自己人认同会影响农民的行动方式与行动力度。农民认同与行动单位中，最基本的单位是家庭。当然，农民家庭有很多种，比如传统时期普遍存在的联合家庭，曾广泛存在的主干家庭，以及现在占主导地位的核心家庭。家庭一般特征是同居共财，各尽所能，按需分配，更多讲责任而较少讲权利。一个家庭一般只有一个会计单位，统收统支。在传统农业社会，全家共同参加农业生产，农业所获都是家庭财产，由家长支配。联合家庭中因为有兄弟妯娌，如果家长权威不高、处事不公，就会引发矛盾，就不得不分家。

家庭是社会的细胞，是最重要的社会组织，是影响个人人格的初级群体。一家人就是最典型的自己人。一旦家人中产生了不信任、猜疑，家庭维系成本就很高，就很难维系下去。

由家人推开去的所谓一家人，是表示相互之间的亲密关系，比如"我们都是一家人"，实际上并不是一个家庭的人。

传统社会，在家庭之上普遍存在超家庭的认同与行动单位。村庄有大量公共事务需要内部解决，为降低解决公共事务的成本，就有必要形成村庄范围的自己人认同，这种认同往往依托血缘联结。对于不认同自己人的钉子户，村庄就必须想办法将他边缘化，不然就会影响其他村民，最终影响公共事务的解决，以致村庄生产生活秩序无法维持。

20世纪90年代我在全国农村调研，发现了三类不同性质的家庭之上的血缘联结。

在我老家湖北荆门，问一个农民，如果你兄弟与其他村民发生纠纷，你帮不帮你的兄弟？这个村民会回答说：帮不帮要看我兄弟有没有道理。这个道理既是地方共识，更是国家规范。当农民在帮不帮自己兄弟时设置了前置条件，兄弟关系就变成了由国家法律来规范的关系，这样的兄弟关系就难以产生出无条件集体行动的能量。兄弟之间缺少集体行动，表明农民原子化程度很高。

2003年到安徽临泉县调研，发现村庄内以五服关系为限的兄弟堂兄弟关系紧密，具有很强的一家人认同，关键是他们会为共同利益而集体行动。五服以内的联结单位，当地称为门子、门派，我后来称之为小亲族。小亲族的规模一般在十几户到几十户，不同小亲族之间激烈竞争。在竞争中，小亲族人多势众力量大，就可以多得好处，至少不吃亏。因此，小亲族内部就有很强的鼓励生男孩的动力，结果就是调研时临泉县几乎家家都有未上户口的黑孩，临泉县时为全国第一人口大县。

1999年到江西泰和县和崇仁县调研，发现江西农村多是聚族而居的宗族村庄，一个自然村都是一个祖先的后代，所有村民都是自家人，一家有事其他人都要帮忙。因为有着强烈的自己人认同，不同宗族之间发生冲突时，同一宗族就要人人上阵。

湖北荆门，江西泰和、崇仁，安徽临泉，农户之间的血缘认同与行动联结是相当不同的。江西宗族村庄，村民有着强烈的宗族认同，都是一个祖先传下来的，所以是一家人，有祠堂，有族谱，有始迁祖的祖坟，也有祖坟山。有认同也就有行动，无论是对外还是对内，宗族村庄都可以产生出超过一般法律规定的行动力量。对外的行动包括过去的宗族械斗，现在也有的宗族节庆游神（游神路线是划定村庄边界），对内的行动如筹资建宗祠，一个自然村可能筹资高达数百万元，外出乡贤捐资架桥修路等。就是说，在江西宗族村庄，在农户之上，存在着一个村庄层面的血缘认同，一个村庄的同姓宗族村民都是自己人，都要承担相互之间的连带责任。聚族而居的宗族村庄本身构成了一个认同与行动单位。因为整个村庄只有一个共同的宗族认同，这样的村庄我称之为团结型村庄。

安徽临泉县农户之上的血缘认同与行动单位则仅限于五服以内的血缘关系，超出五服就不再是自己人了，就缺少了认同，也就不具有集体行动的能力。五服内兄弟堂兄弟构成的认同与行动单位，是一家人，不仅要在红白事上互助，而且要在对外利益竞争上互帮。五服内血缘关系联结，规模不可能太大，一般十几户，最多几十户。一个村庄中就会有若干小亲族群体，村庄内小亲族群体之间的竞争，会增强小亲族内部的认同与行动能力。因此，在安徽临泉县的村庄中，不同小亲族相互竞争，村庄结构就表现出明显的分裂型特征，即村庄是由若干相互竞争的小亲族构成的。

湖北荆门农村，在农户之上缺少强有力的血缘联结，农户的原子化程度很高。从村庄结构来看，就是一个村庄里面有数百个农户，也就是数百个行动者。一旦村庄行动者过多，要达成协议就会非常困难，形成对内合作、对外斗争的能力都严重不足。荆门农村村庄可以称为分散型村庄。

这样一来，我们就可以依据村庄农户认同之上是否有超出家庭的血缘联结，将村庄分成不同类型：一类是以湖北荆门农村为代表的在农户以上缺少血缘联结的分散型原子化村庄，一类是以安徽临泉农村为代表的在农户以上普遍存在五服以内血缘联结的分裂型小亲族村庄，一类是以江西农村为代表的在农户之上存在村庄层面血缘认同的团结型宗族村庄。

我们可以列表如下（表2-1）：

表2-1　中国农村不同村庄类型

村庄类型	超家庭血缘联结	超家庭行动单位	村庄内关系	代表性区域
分散型	无	无	无所作为	湖北荆门
分裂型	五服	小亲族	竞争	安徽阜阳
团结型	同姓同宗	宗族	合作	江西崇仁

也就是说，一直到20世纪90年代，中国农村村庄内部普遍存在着双重认同与行动单位，只是荆门农村地区超出家庭的血缘联结已相当弱，缺少认同与行动能力，变得原子化了，在皖北农村和江西农村却仍然普遍存在着超家庭的血缘认同与行动单位。血缘一直是传统时期最强有力的社会责任联结纽带，村庄内的血缘联结将地缘联结与血缘联结整合在了一起。江西宗族村庄往往有数百年的发展史，一个始迁祖经过十几代甚至几十代经营，聚族而居，形成了强大的建立在地缘基础上的血缘联结。这就是宗族，宗族通过结构化的组织如族产、族谱、祠堂、族长甚至族规来约束村民的行动，建构村庄认同。

近代以来，随着现代性的输入，尤其是新中国成立以后对宗族等传统势力的打压，村庄范围强有力的血缘联结开始弱化，血缘认同断裂为若干碎片，甚至完全瓦解。前者就形成了村庄内较小的血缘联结，后者则原子化了。

若从历史上看，则还存在一种可能，即村庄历史比较短，内部血缘联结还未成长为具有强规范能力的宗族，而只有亲密血缘之间结成的功能性单位，这就是小亲族村庄的情况。如黄淮海地区因为战乱、水患等因素，村庄历史普遍不长，村庄内血缘联结也就没有强到可以在村庄层面形成高度结构化的血缘组织，结果就形成了当前分裂型村庄结构。

运用认同与行动单位去分析农民行为逻辑和村庄政治社会生活形态，会有非常有趣的发现。这里可以择要列举几例：

1. 农民人情负担。前文已述，人情往来是村庄熟人社会的润滑剂，发挥着互惠互助和社会整合功能，但在有些村庄却容易异化为敛财工具，成为"社会毒药"。这种情况最容易出现在原子化村庄，由于缺乏超越家庭的认同与行动单位约束和规范，个体利益最大化的算计造成了整个村庄的非理性，办酒泛滥，人情负担飙升。而在有小亲族和宗族等超家庭结构约束的村庄，人情往来的名目、礼金等都仍然受到严格约束，讲规矩，不能乱来。

2. 农民的面子观念。这里的面子不是指人际关系中的微观权力，而是村庄社会评价体系生产出来的共享价值，是农民在村庄里活的那个面儿，争的那口气。认同与行动单位不同的村庄里，农民的面子竞争差异巨大。简单来说，在小亲族构成的分裂型村庄中，面子竞争烈度最高，农民围绕建房、买车、红白仪式等外显性强的标识物展开激烈竞争，村庄中充盈着互不服气的强竞争性氛围；在宗族构成的团结型村庄中，农民的价值追求被更具超越性和公共性的标识物主导，在宗族公共事务上做贡献，为整个宗族增光添彩谋利益、光宗耀祖，获得整个宗族认可才最有面子；而在原子化村庄，外在符号和公共评价都不重要，服从于个体和家庭生活享受、利益最大化的事物更值得追求。比如，同样是红白仪式，小亲族村庄农民不计成本追求仪式隆重热闹，赔本赚吆喝，原子化村庄的农民要的是酒席规模大，收礼收得多，仪式差不多就行，实实在在的收益比光鲜虚名更有吸引力。

3. 在村庄治理上面，宗族村庄选举产生的村干部与村民公认的村庄权威往往是一致的，小亲族选举产生的村干部则多是合纵连横的结果，原子化村庄选谁当村干部都有可能。从村庄集体行动上讲，原子化村庄要达成集体行动是很难的，宗族地区最容易筹资筹劳进行公共事业建设，小亲族地区通过妥协也可以形成集体行动。

4. 农民负担表现。取消农业税前，农民负担问题成为全社会高度关注的重点，黄淮海地区关于农民负担的反应极强烈，当地农民在不断上访。华南地区也出现过农民大规模上访的问题。实际上，农民负担最重的在诸如湖北这样的中部地区，但湖北农民谁也不愿去为共同的负担上访，既然负担重，那就进城打工去吧。

血缘与地缘结合起来可以产生最强大的认同与行动能力。当然，地缘本身也是可以产生认同与行动能力的，因为地缘需要解决基本公共事务。2006年到安徽肥西县小井村调研，遇到一个特别有趣的例子，可以说明问题。

小井村是最早进行农村责任到户试点的村庄，不是聚族而居的宗族村庄，村民组认同比较强，其中原因是村民组在农业生产尤其是农田灌溉中作用非常大。

2006年，农民已进城多年，青壮年农民进城，一个月务工收入普遍可以达到千元以上。一旦担任村民组长，要处理村民组的事务，组织农户进行农业生产，就不可能进城务工。组长一年只有200元误工补贴，只相当于进城务工几天的工资，因此农民都不愿意担任村民小组长。怎么办呢？一个办法是由每户轮流当组长，当组长这一年不能进城而要留村组织农户生产。问题是，农户中有人能力不行，责任心也不强，他当组长可能将公共事务搞得一团糟。由村民选举组长，被选上的人就很委屈，不愿干。结果，村民很快就想到了一个好办法，就是先由村民推选出三名组长合适人选，三人再通过抓阄确定其中一人担任组长。这样就避免了组长的怨言：谁让你运气不好呢？

当我们问通过村民推选再抓阄当上的组长为什么要当这个组长时，他说，村民组总要有人当组长，没有人当组长，村民组的事情咋办呢？所以就心甘情愿留在村里当组长。

这里的关键是，村民组长考虑的是村民组必须有人负责主持，不然村民组生产就会受到影响。虽然补贴少，个人吃了亏，却要对村民组的事情负责任。这个时候，无论是组长还是村民组的村民，他们对村民组都是有认同的，也都是优先讲责任然后讲利益的，这不就是家庭中家长的逻辑吗？正是因为存在着对村民组的认同，及由此产生的担责行为，村民组才可以集体行动起来，解决生产生活中公共品供给不足的问题。

绝大多数村庄公共事务是建立在地缘基础上的，虽然地缘关系也可以建立起认同，但是，若没有血缘的加持，就很难稳定。因此，在传统时期，中国基层公共品供给往往是地缘与血缘叠加，血缘依托地缘，地缘改造血缘，经过长时期的发展，聚族而居的宗族就成长起来了。

四、南北中国

可以认为，传统时期，中国农村基层宗族组织是强有力的，或在村庄层面，地缘与血缘是合二为一的，这样就可以让农村基层具有组织起来供给公共品的能力。近代以来，随着各种革命性力量的进入，包括土地改革、政治斗争、市场经济、现代观念，过去强大的宗族力量瓦解了，而在一些地区留下血缘联结的片断，如华北地区广泛存在的小亲族结构。还有一些地区宗族结构瓦解得较为彻底，以至于在农户之上不再有强有力的基于血缘联结的认同与行动单位，村庄原子化了。

之所以在现代性冲击之下，传统的基于血缘的宗族结构会断裂形成不同的碎片，是与中国不同地区本身的历史、地理、文化以及种植结构等有关的。如果村庄中仍然存在着宗族认同，则这样的村庄就是团结型的宗族村庄；如果村庄中仅存在五服以内的血缘认同，这样的村庄就是分裂型小亲族村庄；如果村庄中不再有超出农民家庭的血缘联结，这样的村庄就是分散型的原子化村庄。

从我们多年的调研来看，当前中国农村，不同社会结构的村庄分布具有显著的区域性。总体来讲，华南地区的广东、广西、福建、海南，以及湘南、浙南、皖南、鄂东南地区，村庄普遍存在聚族而居的宗族，往往还保留有祠堂和族谱，始迁祖墓地被保护和祭拜。村民仍然有很强的宗族认同，有深厚的一家人认同。虽然宗族下面还有房支，房支认同却是服从于宗族认同的。因为有着很强的自己人认同，村庄内部团结，即使有冲突，也往往不会公开，且村庄有着强大的调解冲突的能力。宗族认同使村庄内部互助容易发生，代际关系方面父辈仍然占有优势，村庄内部仍然有着较强的价值导向。外出工作的村民有义务为村庄公共事业建设出钱出力。村庄内的团结容易变成对村庄外部力量的抵抗，极端情况下甚至会出现"土围子"现象。在宗族村庄成长起来的人，因为受到宗族保护，心理单纯，更愿意信任他人，与外界打交道时往往缺少权谋，甚至行为上会显得幼稚。

与华南地区不同，以黄淮海地区为代表的华北、西北地区，村庄普遍存在以五服关系为限的小亲族结构。小亲族相互竞争，村庄政治性强，很多时候冲突都会公开化。公开冲突使得在小亲族村庄成长起来的人更加敏感，更善于观察，敏于行而讷于言，心理上对他人信任较少，天生就有很强政治斗争技巧，心智上比华南农村出身的人成熟。因为村庄中存在着多个小亲族，村庄小亲族之间的斗争会强化小亲族内部团结，小亲族之间的竞争很可能转化为不同小亲族之间的合纵连横，村庄因此就有众多政治上的精英分子。每个精英分子都可以作为自己所在小亲族的代表对内整合对外谈判。小亲族之间很多时候会形成势均力敌的态势，这个时候援引外部力量就可能打破均势，因此，各个小亲族及其代表都倾向引入国家力量以获得外援。结果，在小亲族村庄，国家力量进入相当彻底，大量村庄内部事务都要靠国家力量裁判，这与华南宗族村庄团结对抗所有外来力量是不同的。

华北和西北地区的小亲族村庄，几乎不可能找到祖坟，也没有宗族，族谱大多已经失散，更不会有祖坟山而只有乱坟岗。宗族具有很强的价值性，即有传宗接代的理念，有光宗耀祖的想法，他们容易生活在历史之中。小亲族则更多是功能性的，小亲族对内服务于红白事的办理，对外争面子争地位争利益。能不能完成人生任务，过好日子，就不只是自己的事情，而是小亲族所有兄弟堂兄弟们的事情。做人不只是做给自己看，而且要做给他人看。如果说宗族村庄既是熟人社会，又是自己人社会，小亲族村庄只是熟人社会，自己人则要进行细分，即使同一姓，超出五服，红白事不再互助，就不再是自己人了。

原子化村庄主要集中在长江流域和东北地区。原子化村庄中，缺少强有力的村庄内部行动者，一个村庄几百户，每一户都是对自己负责的主体。这就使得村庄集体行动十分困难，钉子户层出不穷。因为村庄缺乏超出农户的行动单位，那些身体强壮、个性鲜明、敢做敢当的村民就可能成为影响村庄治理的狠人、孤勇者。村庄缺少结构性力量，村民个性就容易张扬。宗族村庄中的精英背后有一个宗族支持，小亲族地区的精英背后要依靠小亲族兄弟堂兄弟的支持，原子化地区的精英主要靠自己好勇斗狠的本事。因为村庄没有强有力的血缘联结，国家力量进入村庄就没有抵挡，政策上与国家更为同步。

总体来讲，长江流域村庄多为原子化村庄，包括上游的云贵川，中下游的两湖地区和江浙大部分地区。长江中下游地区的生态较为丰富而不稳定，两湖地区甚至多出现"半农半渔"生计模式，农户逐水垒台而居，居住往往分散，很少集中在一起形成规模聚集。传统时期的宗族也多是分散型的，居住上则多为多姓杂居。也就是说，长江中下游地区因为受到生态（多水及洪水）影响，很少形成基于地缘的血缘共同体，宗族分布比较散，没有形成地缘与血缘强化，所以就很少有强宗大族。到了近代，宗族快速解体，在多姓杂居情况下血缘联结很快就丧失了认同与行动能力，由此出现了普遍的原子化。长江上游地区情况有所不同，其中一个重要原因是清初从湖广填四川的汉族人民进入川渝，再向云贵迁移。这些从湖广迁移进入云贵的汉民族在快速扩张过程中一直没有稳定下来，就没有形成长期定居所造成人地关系高度紧张并因此带来村庄内外强竞争与强规范的阶段，因此就没有将血缘用作组织起来争取生存权的工具，宗族意识自然不强。超过农户的血缘联结没有发育成熟，村庄表现出高度原子化。

东北地区农村高度原子化的原因与云贵川类似，只是东北地区开发更晚。农民从山东、河北进关，到了广袤的东北地区，凭借个体力量就几乎有着无穷的可开垦耕地，没有必要通过血缘关系集结起来相互斗争以争生存权，也没有必要再在家庭之上建立强有力的血缘联结来约束自己。

华南地区多宗族村庄，与远离中央政权，种植水稻，多山地，村庄聚族而居且往往有上千年历史等相关。华北地区尤其是黄淮海地区小亲族村庄则与生态不够稳定，距国家权力中心近，大平原一马平川无险可守，多种植旱作物，最近一次大移民发生在明初等有关。

宗族村庄、小亲族村庄和原子化村庄，这应当是当前中国汉民族地区主要的村庄结构。更重要的是，这三种不同类型的村庄在全国不同地区具有相当规律的分布，其中华南农村多宗族性村庄，华北、西北地区尤其黄淮海地区多小亲族村庄，长江流域和东北地区多为原子化村庄，也就是说，中国村庄社会结构存在显著的南、中、北的区域差异。我们写作《南北中国》，就是要揭示这种差异及其影响。

村庄社会结构分布的区域性，进一步强化了其影响，进而形成超越村庄的区域文化与区域行政特征。简单地说，村庄社会结构的影响可以分为村庄内部的影响和村庄外部的影响。

从村庄内部来看，每个村民都是出生和成长在村庄中的，他们会在心理和行为模式上留下村庄深刻的烙印，比如：原子化村庄出生的村民，因为没有超家庭血缘结构的束缚，就会更加解放、自由，就更加有个性，敢于提出主张；小亲族地区的人受到村庄内部竞争影响而更加谨慎，更懂得保护自己，更善于观察他人；宗族地区的人受到村庄自己人的保护，就会对环境有更高信任，更多安全感，有时也会造成轻信他人或盲目自信。

从村庄与外部的关系来看，团结型的宗族村庄是一个整体，具有对任何外部力量的抵抗能力，因此，自上而下、自外而内的各种行政、市场、文化力量进入村庄，往往都会被村庄结构所抵挡、抵消一部分，外来力量在团结型村庄面前有无能为力感。

小亲族村庄也是分裂型村庄，分裂型村庄内部各个小亲族组织都希望借外来力量赢得村庄内部竞争的优势，因此，自上而下、自外而内的行政、市场、文化力量进入村庄时，往往会意外地感受到村庄内部力量的接应，结果是外来力量在村庄中的表现超过了预期。

原子化村庄中既没有阻挡外来力量的结构，也没有接应外来力量的结构，各种外来力量在村庄中来去无牵挂，可谓畅通无阻。

不同地区村庄结构会影响区域文化，其中一个典型是，自上而下的政策，从省到市到县乡村，在小亲族占主导的华北地区，上面的政策往往往会被放大，到了基层就变得过左。在宗族占主导的华南地区，上级政策往往会逐级减弱，到了基层就变得过右。在原子化程度高的中部地区，中央政策容易得到最为完整的落实。比如计划生育政策，原子化地区普遍执行比较顺利和彻底，宗族型地区遇到的社会抵触比较大，而在小亲族地区反而会因为社会抵触与社会分裂并存而呈现更为复杂的政策执行效果。

五、文化核心区与文化中国

2007年在浙江武义县调研，当地人讲道，在当地务工的贵州农民，每个月发了工资总是要大吃大喝一顿，结果不到月底发工资，就又没有钱了。2018年到山西五寨县调研，村支书也是矿老板，他说到他矿里下矿的贵州人每月都只发1/3的工资，剩余工资等到年底统一发，不然，到了年底回家过年的路费就没有了。由村书记存下来，年底就可以带几万现金回去过年。

2017年到云南红河自治州调研，发现当地农民缺少市场观念，很少有存钱的想法，也不注重子女教育，热衷于玩鸟、斗鸡，真的是"今朝有酒今朝醉"。村庄中吃吃喝喝的节庆很多，即使在外务工，村里有节庆，也会从遥远的务工地赶回来参加。当地农民因此就很少出省务工。红河自治州引进一家大型企业，生产线上需要大量装配工人，待遇也还不错，结果每次招聘，工人上生产线不久就都跑掉了，只好再招再跑掉。红河农村经济条件比较差，农民比较穷，农户只要有一个人到工厂打工，家庭收入就可以超过贫困线。农村年轻人却很少外出打工，更不会夫妻一起出去打工，因为发生过夫妻一起外出打工，妻子跟人跑了，丈夫一个人回来的悲剧。

同样是大山区，2019年我到秦岭深处的镇安县调研，发现当地农民十分重视子女教育，青壮年劳动力普遍外出务工，留守深山的中老年人通过捡拾食用菌、采摘药材、打板栗获得收入。农户都有存款，很多农户靠自己努力修建漂亮的楼房。调研时，当地彩礼已很高了，父母想方设法积蓄为儿子娶媳妇做准备，在城里买房，准备彩礼，等等。秦岭深处农村自然条件甚至不如云南红河，农民经济收入却远高于云南红河农民。秦岭农民在想方设法挣钱，却又极少消费，他们挣钱，储蓄，盖房子，娶媳妇。他们通过控制自己当下消费为未来更好的生活做积蓄。

农民行为为什么会出现这样大的差异呢？其中一个关键就是文化的影响不同。秦岭山区农民都是从中原搬进深山的，他们接受的是地道的儒家传统文化；贵州和云南某种意义上只是中国儒家文化的边缘地区，尤其是云南红河，少数民族众多，有一些少数民族直到新中国成立前仍然处于原始社会，是从原始社会直接进入社会主义社会的"直过区"。

我因此写了"中国文化的核心区与边缘区"一文，来理解儒家文化核心区的广大中原地区与较少受到儒家文化影响的中国文化边缘区，农民行为及其背后关于人的活法定义的文化差异。

2019年在浙江上虞调研，访谈了来自云贵川和鲁豫皖的农民工，写了一篇短文"云贵川与鲁豫皖"，再次讨论中国儒家文化核心区与边缘区农民行为的差异。

趋利避害，尽快满足需求，是动物的本能，也是人的本能。文化的重要性在于，让人摆脱本能，延迟需求满足，甚至舍弃即时利益以实现长远目标，牺牲现世利益以达到超越性目标。

最深入中国人骨髓已成为文化本能的，是延续了2000多年的儒家文化。儒家文化强调伦理本位，强调"不孝有三，无后为大"，强调家庭中的责任与义务，是责任本位的。在受到儒家传统文化浸润的农村地区，文化改造了农民的利益计算方式和行为模式，造成了农民的理性和超越性。儒家传统文化赋予农民家庭观念、责任伦理、规划性和纪律性的文化本能，正是文化本能使得农民脱离了他们的身体本能，他们不只是要个人利益最大化，更非个人身体欲望满足的最大化。他们变得吃苦耐劳，能够忍辱负重。他们通过自己一生的努力来完成自己的文化义务，完成自己的人生任务。[1]

中原地区无疑是儒家文化的核心区，西南地区则是儒家文化的边缘区。在儒家文化核心区，农民按照文化本能来完成人生任务。他们人生任务中最重要的一项任务就是要帮儿子娶上媳妇，以完成传宗接代的任务。应当说，这几乎是所有儒家文化核心区文化本能的基本表现。

在儒家文化核心区，受文化本能驱使，农民勤俭持家，厉行节约，开源节流，想方设法增加收入以应对家庭支出所需。在当前的中原地区，农民家庭最大的一笔支出是娶媳妇的支出。改革开放之初，娶媳妇只需要在村庄建一栋房子就可以，进入21世纪，婚姻成本急剧提升。2003年我在河南汝南县调研，第一次听说"生两个儿子哭一场"。原因就是，作为父母，有责任为儿子娶上媳妇，若只生了一个儿子，勤扒苦做，早点积蓄，还是有可能为儿子娶上媳妇的。生了两个儿子，就要两倍的积蓄，靠种田和务工来完成任务实在是太难了。当前时期，黄淮海地区，娶一个媳妇要买一套房、一辆车，几十万元彩礼，还有其他支出以及要办酒席，花费基本上在100万元左右。一对农民夫妇要为儿子娶媳妇积蓄上百万元是相当不容易的。也因为父母有为儿子娶媳妇的责任（人生任务），儿子媳妇就会心安理得从父母那里获得转移来的财富。为儿子娶媳妇，

〔1〕 贺雪峰：《中国区域差异中的文化核心区与边缘区》，《陕西师范大学学报（哲学社会科学版）》2020年第6期。

在县城买房，父母付首付，房产登记在儿子或媳妇名下，却要由父母来还房贷，这是常规操作。如果一对夫妻有两个儿子，要为儿子娶媳妇就要加倍储蓄。问题是，因为有两个儿子，娶媳妇时，女方并不降低婚嫁要求，反而可能要更多彩礼，以将男方父母的财富更多转移到自己的小家庭。

也就是说，在儒家文化核心区的中原地区，农民在随文化本能而来的人生任务压力下面，想方设法为子女家庭积蓄财富，最大限度降低自己的消费，以至于子女借机来向父母索要、掠夺，从而产生了代际剥削。

相对来讲，在儒家文化边缘区的云贵川地区，父母虽然也关心子女的婚嫁，但是，子女婚嫁更多是子女自己的事情。由父母为子女准备上百万积蓄来娶媳妇是不可想象的。甚至农民都缺少积蓄的观念，因为父母并没有那么大的必须为儿子娶上媳妇的人生任务压力。没有积蓄的压力，务工有了收入，吃喝就很重要。"人生在世，吃喝二字。"甚至因为务工很辛苦，那就干脆躺平。在西南地区扶贫中出现过很多例贫困户将扶贫单位发放的种羊吃掉的传闻。

当前中国农村正处在巨变之中，儒家文化核心地区普遍出现子女利用父母作为文化本能的人生任务来剥削父母的现象，这种剥削的残酷性与彻底性是过去历史中所没有的。父母迟早会从文化本能中觉醒过来，反抗代际剥削。这应该是正在发生的事情。同时，在婚姻市场压力下，云贵川地区的父母也不得不开始为子女婚姻而操心和积蓄。

代际剥削反映出儒家文化本身的强大力量。这种文化让农民更加勤勉地工作，完成超越性人生任务，少消费多积蓄，驱动着农民参与到市场体系中，成为生产线上的螺丝钉，为中国制造和各行各业提供了高素质的廉价劳动力，推动了中国现代化进程。

20世纪开始出现儒家文化圈国家的经济高速增长，其中一个原因就是强大深厚的儒家文化赋予的强大文化本能与市场经济本身结合起来了。勤勉，高储蓄率，重视教育，重视家庭，具有责任伦理，这些为经济增长提供了文化基因。

随着城市化的加速和市场经济的进一步渗透，文化核心区与边缘区的差异正在缩小。理解文化中国的任务，可以从中国不同区域文化差异开始。

六、市场边缘地带与区域中国

市场在资源配置中起决定作用。当前中国最充分的市场在城市，在经济最快速成长的地方。市场意味着机会，当然也具有风险。

中国是一个巨型国家，目前已形成以城市沿海经济带和特大城市为典型的市场中心。依据距市场中心的远近，可以将中国划分为三个不同的市场空间，即市场中心地带、半市场中心地带、市场边缘地带。

市场中心地带经济高度密集，各种经济、科技力量在有限空间内相互叠加，形成了无限的机会，产生了大量财富。经济发展、科技进步、创业创新都在市场中心发生。

当前中国市场中心可以分为两种类型。一是以东部沿海城市经济带为主的市场中心地带，尤其长三角、珠三角地区城市群，仅用不到2%的国土面积，容纳了1/4的人口，创造了超过1/3的GDP。如果将北京、天津和山东、福建的沿海地区也算入东部沿海城市经济带，则东部沿海地区仅用大概5%的国土面积容纳了全国1/3的人口，创造了全国一半的GDP。

二是以省会城市和计划单列市、部分区域性大中城市为代表的市场中心地带。这些城市人口多，产业强，集中了区域政治、经济、科技资源，有大量市场获利机会，对周边地区经济具有较强辐射。

　　无疑，当前中国经济资源主要集中在包括沿海城市经济带和包括省会城市在内的区域大中城市。这是中国市场中心区域，是中国经济发展极，利益密集，机会众多，创新活跃，各种力量叠加推动创新。

　　受到市场中心带明显辐射的地区可以称为半市场中心地带。半市场中心劳动力较容易从市场中心获得市场机会，包括可以就近到市场中心寻找市场机会。市场中心因为聚集会产生高成本比如高房租，就可能借助半市场中心的场所发展来料加工等产业，从而为半市场中心提供发展机会。半市场中心依傍市场中心，也就有了获利可能。

　　市场边缘地带是指市场中心难以辐射到的区域，这些边缘地带与市场中心相距比较远，无法就近得到市场中心的好处。这里的农民与市场中心发生关系的办法就是背井离乡进城务工经商，而很难通过对接市场中心发展来料加工以及发展农旅等来从市场中心获利。

　　从全国来看，真正的市场中心地带占国土面积只有5%左右，却容纳了全国1/3人口，创造了一半GDP；半市场中心地带占国土面积大概15%，容纳了全国略低于1/3的人口和相当部分GDP；市场边缘地带占到全国国土面积80%以上，容纳了剩余的40%人口和不多的GDP。我们来看三个市场地带中的农村与农民的处境。

　　市场中心地带的农村实际上是有机融入城市带二、三产业生态中的，城乡是一体的，很多农村虽然仍然保留了农村风貌，甚至仍然有农田，种植农作物，但实际上，很多土地都已开发建设了二、三产业，当地农民大都进入二、三产业就业，生活方式也早就市民化了。市场中心地带无处不在的市场为当地农民提供了充分的二、三产业就业机会，农村集体土地非农使用增加了村社集体收入，从而可以为农民提供保障。农民大都不再从事农业，他们将承包地反租给村集体，村集体再倒包给愿意种田的农民且往往是外地农民。反租倒包就使连片规模经营有了可能，推进基于规模经营的农业现代化就有条件。不过，这种农业与当地农民几乎没有什么关系。

半市场中心地带的农村和农民既可能通过进入市场中心获利，又可以利用市场中心延伸而来的市场机会获利，比如发展农旅。因为存在众多来自市场中心的机会，农民就可以不完全依靠土地，将土地集中起来搞规模经营也有条件。因为有较多来自市场中心的获利机会，农户不依赖土地，搞得不好反而容易出现耕地抛荒现象，比如武汉市黄陂区。

市场边缘地带就是受到市场中心较少辐射的地区，占到了全国国土的绝大多数。农民要从市场中心获益主要有两个途径：一是进入市场中心务工经商，二是生产农产品进入全国市场。从前者来讲，因为距离市场中心比较远：农民进城务工经商，就可能要背井离乡，家人分散生活，即年轻人在沿海务工，年幼子女在县城上学，年老父母留村种地。从后者来讲，在绝大多数市场边缘地带，农村青壮年劳动力都进城务工经商了，村庄多是中老年父母务农，生产的农产品参与全国市场的竞争力不强，很难通过务农致富。留守老年人务农自给自足则是有余的。

因此，在当前中国不同的市场区域，农民和农业有不同的境遇。当前作为问题的农民主要分布于市场边缘地区，他们缺少身边的市场机会，就尤其需要通过国家资源输入和社会制度建设来解决他们的问题。

当前中国正处在高速城市化之中，城市化就是农民进城。进城总是有能力的农民先进城并在城市安居下来，留守农村的多是相对弱势的农民。这个过程中，农民家庭会长期保持年轻子女进城了而年老父母留村所形成的"以代际分工的半工半耕家计模式"。随着农村青壮年进城，市场边缘地带的农村社会结构和农民生产生活境遇也都面临重构。

市场化和城市化是推动当前中国人口流动、重构农民生产生活的内在动力，其造成的变化是史无前例、极为剧烈的，几乎所有农民都被卷入这个变化之中。

七、农民收入断裂带

在市场边缘地带的农村，统计农户收入十分有趣，就是农户收入都差不多，因为几乎所有农户都形成了以代际分工为基础的半工半耕家计模式，年轻子女进城务工经商，年老父母留村务农。中国农村村社集体所有制的含义是，村社集体土地是按人均分的，每一个农户都有相同人均的承包地，可以从土地上获得相差不多的农业收入。农户中青壮年劳动力进城，他们并不放弃农村收入，在全国统一劳动力市场中，劳动工资收入也都相差不多。因此，决定农户家庭收入和家庭经济条件好坏的根本是家庭人口结构：劳动人口与消费人口的比例，以及有没有劳动力。前者如果家庭中子女义务教育结束后继续上大学读书而不是去参加工作，家庭就会有更多支出而较少收入。不过，读大学积累了人力资本，一定会有加倍的回报。后者如果家庭主要劳动力重病重残，就少了主要收入。

农户家庭收入有一个底线值，比如人均6000元，即五口之家，只要有一个人外出务工，一年收入三四万元是没有问题的，而留守农村的老弱妇孺有家庭经营，也多少会有一二万元收入，人均家庭收入达到1万元并不难。如果有两个劳动力外出收入就更高。有的家庭父母仍然壮年，子女也已成年，就处在家庭周期的高收入期，人均收入可以达到很高水平。而如果没有劳动力，或家庭主要劳动力重病重残，外出务工收入是没有了，农业收入也很有限，这样的农户，人均收入可能就不到3000元。

如果将一个村庄所有农户人均收入标记出来，就会发现一个有趣的现象，即97%的农户人均收入均高于6000元，在6000元之上就会有密密麻麻的标记，真正高收入的农户很少，绝大多数农户人均收入集中在6000—12000元，另外还有3%的农户人均收入低于3000元。在3000元和6000元之间出现了一个显著的断裂带，这就是我所讲的"农民收入断裂带"。

农民收入断裂带很好理解，因为只要有劳动力，就可以进入全国统一的劳动力市场务工，获得工资收入。没有劳动力的家庭或家庭主要劳动力重病重残，就无法获得工资收入，仅靠务农的有限收入，家庭人均收入自然会比其他农户低一大截。

在市场边缘地带，农户离市场较远，要获得全国统一劳动力市场上的工资，就要远离家乡。远离家乡需要付出心理成本，更要有一技之长，还要与市场中心地带有便利的交通通信渠道。从改革开放到现在，全国即使最偏僻的地方也开通了公路，中国又早已普及了义务教育，就使农村劳动力进入全国劳动力市场并不存在障碍。留守农村的农民当然也可以通过生产农产品来获得收入。远离市场中心的边缘地区，尤其是边远山区，农产品往往十分丰富且很有特色，加以开发，找到销路，让农民不离开村庄就可以增加收入。因此，进行农业产业开发及开拓农产品市场，可以增加农民收入，让农民摆脱贫困。

不过，当前增加农民收入的主要渠道还是在进城务工上面，农业更多解决温饱问题，要靠农业致富是有难度的。帮助农民增收有两条路线：一是培训农民打通进城路线，让农民可以从城市获得收入；二是发展农村产业，让农民从农村产业发展中获利。前者是主渠道。

主渠道也会发生意外，比如云南红河少数民族的农民就不愿意外出务工，因为外出务工，妻子就可能不愿再回农村老家。还有人有劳动能力但不喜欢进城，尤其不能忍受生产线上的严格纪律约束，他们就可能通过捕获进城农民让渡出来的农村获利机会，扩大经营规模，成为村庄中的中农，也就可以获得不低的家庭收入。

麻烦的是两种情况：第一种是家庭无劳动力或主要劳动力重病重残，无论外出务工还是进行农业生产，都很困难。政府组织培训，或支持农业产业，对他们增加收入是没有意义的。第二种是农村的懒汉，他们有劳动能力但不愿意劳动，既不愿进城务工，又不愿在村庄扩大农业经营规模。这样的懒汉户，要让他们致富，什么办法都是没有用的，因为他们认为，与其收入高不如玩得好，游手好闲本身也是一种生活方式。

2015年开始精准扶贫时，中国实际上已经形成了全国统一且相当完善的劳动力市场，农村劳动力进城找工作获取市场平均工资是不难的。农业收入一直不高，在大量农村人口进城的情况下面，留在农村的农业人口是有更多人均农业资源可以使用的。

因此，2015年划定农村贫困线时要真正做到精准，就要将贫困线划在农民收入断裂带内，由此可将市场边缘地带的农户分为两类：高于贫困线的贫困户和低于贫困线的贫困户。

高于贫困线的农户都是家庭中有劳动力的农户，他们通过市场来获得收入。建立一个公平、统一、延伸到每个村庄的全国性市场，同时又为劳动力提供进入市场的培训、保护，他们就能从市场上获益，就能成为共和国的建设者。没有必要对他们采取特殊的保护措施。

低于贫困线的农户绝大多数是家庭中没有劳动力或主要劳动力重病重残的农户，以及极少数懒汉户。对于没有劳动力的农户，几乎帮助他们的唯一办法就是进行特困救助，实际上，2015年建档立卡贫困户中就包括了大量的低保户和五保户。特困救助不同于扶贫。特困救助是直接发钱，扶贫则不能直接发钱，而应当帮农户发展产业或培训进入劳动力市场的一技之长。现在的问题是，贫困户就是没有劳动力的农户，如何让他们有进入市场的劳动力或发展产业的能力？对于有劳动力的懒汉，不扶还好，越扶越懒，扶着扶着就靠上了。这几乎是全国农村扶贫的教训，很少听说懒汉经过扶贫变得勤劳从而脱贫了的。

懂得了农民收入断裂带，就可以知道，解决农村贫困的最好办法只有两个：一是对于有劳动力的农户，想办法让农民与市场连通。要建立农民与市场连通的基础设施和公共服务，比如要修通公路，让农民容易进城务工，以及让农产品容易运到城市市场上去。再如应当加强农民农村教育包括义务教育和职业教育等。当然还要保护好进城农民工的利益，比如不能拖欠农民工工资等。二是对于没有劳动力的农户，就只能直接发钱发物，进行特困救助，通过社会保障兜底。

当前农业GDP只占大概7%，而留守在农村的居民还有35%，且进城农民工也往往与农村有千丝万缕的联系。当前无论是要增加农民收入让农民富，还是要防止农民返贫，最重要的都是鼓励农民进城。农民致富主战场在城市，不是非得在农村获取收入机会。

虽然仅靠自己的家庭承包地几乎不可能致富，农业收入对农户却很重要。第一，农户往往是在中老年父母仍然耕种承包地的情况下，年轻子女进城务工经商的。就是说，农户是在没有减少农业收入的情况下增加了城市务工收入。第二，农村有大量缺少城市就业机会的中老年农民，他们需要与土地结合起来获得农业收入、就业与意义。第三，农业收入为农民家庭获得了保底的收入，且只要农户与土地结合起来，就可以自给自足。第四，留守农民只有与土地结合起来，才能建设基于共同生产的良性社会关系等。

因此，一方面要让农民有更多可以从城市获利的机会，另一方面要保护好农民在农村从农业中获利的机会。就是要让农民"两头占"，因为农民是当前城市化和市场经济条件下面的弱势群体，尤其是市场边缘地带的农民，应当给他们更多政策上的保护。

八、中坚农民与自生自发的秩序

市场中心地带农村的农民已融入城市二、三产业，可以说已市民化了，农业对于当地农民的就业与收入已不重要，之前承包给农户的集体土地反租给村集体再转包给外来农业主体是普遍现象。市场半中心地带，因为受到市场中心强大辐射，而有若干本地农业农村获利机会，农户就可能保持家庭生活的相对完整，也有更多农户承包土地流转出来，从而形成一定数量的规模经营农户，这些本地产生的规模经营农户也就是中农。

市场边缘地带的农村缺少身边的二、三产业机会。虽然相距不远，县城却没有像样的产业，无法为农民提供较高收入的就业机会。即使农户在县城买房，因为县城缺少产业，少之又少的就业机会都是低收入的，难以维持在县城的消费支出，因此普遍出现了农户在县城买房，只有年幼子女在县城上学，妈妈或奶奶陪读，年轻的父母尤其是父亲到沿海市场中心地带务工，年老的爷爷奶奶则仍然留村务农的现象。

农村青壮年劳动力进城务工，提高了农户家庭收入。越来越多进城农民在城市买房安居，全家进城了。进城农民让渡出他们之前在农村的获利机会，不愿或不能进城的青壮年农民夫妇想方设法捕获这些机会，比如扩大农业生产规模，提供农机服务等，从而可以在不离村的情况下获得相当于外出务工的收入。这样一种保持了家庭生活完整，不离村就可以获得较高收入的青壮年农民夫妇，就是我们所讲的农村新产生出来的"中农"。中农在村庄治理中十分重要，成为村庄社会结构中的中坚农民。进城农民越多，就可以让渡出越多获利机会，就越是可以滋养更多中农出来。

中农最重要的获利机会是承包流转的土地。进城农民在城市获得务工收入，不再种地了，他们将承包地流转给愿意种地的中农。中农通过流入土地形成了适度规模经营，就有很强的改革农业种植模式，提高农业生产效率，提高农业机械化水平，以及推动农业灌溉合作等的内在动力。这些中农与仍然耕种自己承包地的老年农民构成了互补。

进城农民将承包地流转给中农，即是委托中农照看自己的承包地，同时中农也有责任经常去照看进城农民留守农村的老年父母，或照护进城农民留在村中的房子。一旦进城农民在城市遭遇失败，要退回农村，中农就将之前流转的承包地退给返乡农民，进城失败的农民随时可以返乡。

这样一来，在城市化和市场经济条件下，大量农民进城一方面造成了农村的空心化、老龄化，却也同时让渡出来大量农村获利机会，从而滋养出一个中农群体。中农与进城农民通过土地流转形成了一个有趣的社会生态：进城农户将承包地流转给中农，中农流入承包地的同时也就有了照顾进城农民留村父母和房产的义务，进城农民若返回农村，随时可以要回承包地自种。因为是同一个村庄熟人之间甚至自己人之间的土地流转，土地流转租金就不会高。低于市场租金的部分利益就转化成为中农与进城农民之间的社会联结、感情友谊，就增加了村庄的社会资本。年节时进城农民返乡一定要到中农家里坐一坐，中农有机会也会送一些土特产给进城农民表达心意，有事相互帮助，信息也是互通的。中农要流转多户进城农民的承包地才可以达到适度规模经营，只有会做人的留守青壮年农民才有可能通过流入多户进城农民承包地成为中农，会做人的农民同时又是信息最广泛的农民，交友最多的农民，推广农业新技术最积极的农民。这样的中农，在老龄化和空心化的中西部农业型农村地区，就是妥妥的中坚农民。

中农数量有限，因为在市场边缘地带农村的资源有限。市场边缘地带最重要的资源是耕地，按每户10亩耕地，一个村庄有200户，有2000亩土地，按一户中农最少经营50亩土地计，全部土地只能滋养出40户中农。问题是村庄中至少还有一半的土地要由仍然留守农村的老年人耕种，他们种自家承包地。也就是说，一个村庄可能也就20户中农，占到全部农户的10%左右。

中农当然不只是靠种地来获得收入，更不是只靠种粮食来获得收入。50亩地种粮食，不算自己劳动力投入，按一亩收入1000元计，一年也才5万元收入，这是不高的。中农往往可以在种粮食时兼种经济作物，或者搞稻虾连作。中农可以通过为其他农户提供农机作业、农业社会化服务来提高收入，可以做农村小型工程赚钱。甚至，中农可以兼任村干部，而村干部是有误工补贴的。实际上，在当前市场边缘地带的农村或广大的农业型农村地区，村干部的最佳人选就是仍然留守农村的中农。

城市化意味着越来越多农民和他们的家庭进城，也意味着进城农户会让渡出他们之前在农村的获利机会。因此，农民进城对农村的影响是双重的：一是农村空心化，老龄化；二是农村人地矛盾开始缓解，中农开始产生，以农为业的专业农民也有了可能。

在中国城市化的相当长一个时期，都必将是有进城能力的青壮年农民进城，缺少进城能力中老年人留村。留村中老年农民在农村有住房，有土地，有熟人社会非亲即邻的关系，他们就可以在农村保持低生活成本的体面生活。进城失败的农民也会返乡。

结果就是，在当前市场边缘地带农村或广大中西部农业地区农村，村庄内主要有两个群体。第一个群体是占农户总数的90%中老年农民，他们子女进城去了，自己种自家承包地，只要身体健康可以与土地结合起来，他们就不仅可以获得农业收入，而且可以将村庄的关系建立在共同农业生产的基础上，从而具有主体性和意义感。这种日子让他们觉得体面有尊严。实际上留守农村种自家承包地的低龄老年人，他们的子女已成家，父母已去世，正是人生中家庭负担最轻的时期，所以被称为"负担不重的人"。这个时候他们在农村的生活很惬意，进入"人生第二春"。第二个群体是留守农村的中农，他们只占农户总数的不到10%，却十分重要。

当前，在中西部农业型农村地区普遍形成了老年人农业＋中农农业的格局。低龄老年人种田，从与土地的结合中获得收入与意义感，中农为缺少采用新技术的老人农业提供示范甚至服务。中农动员仍然种田的低龄老年人共同应对村庄各种公共的生产生活事务。农村留守老年人也就有了应对村庄内生产生活共同事务的领头人与主心骨。这个时候，如果国家通过资源输入来为农村"中农＋老年人"结构注入动能，这种结构就变成了一种自生自发的秩序。

与农村土地主要在村庄流转不同，当前全国普遍出现了进城农民土地流转给村庄以外市场主体的情况，甚至地方政府在积极推动这种土地流转。据说可以提高流转土地的租金，所以对农民是有利的。流给市场主体的土地，在资本经营下，据说也容易发展现代农业。尤其是经过高标准农田整治的土地，地方政府往往倾向于向大户流转，以发展现代农业，实现农业现代化。还有地方政府很贴心地为了让外来资本大户可以集中经营规模土地，又让愿意种地的农户有地种，就单独划出一块由愿种地农户自种，同时为资本保留连片种植的土地。

资本进村了，租金提高了，之前低租金租入土地的中农种不起地，也就消失了。之前与中农一起形成农业社会生态的老人农业也失去了依托，要种地也很难了。进城农民将土地高租金流转给外来资本大户，必须要签正规长期土地流转合同，一旦进城失败想返乡种地也就不可能了，之前由中农照看农村高龄父母和住房的机制也消失了。

不过，即使资本大户进村种地了，缺少进城能力的农村老弱病残仍然无法进城，而是留守在农村。外来资本大户从农民那里租入土地发展现代农业，村庄大量无事可做的老年人就希望通过捡拾农产品来增加一点收入。很快，捡拾变成了哄抢，资本大户很无奈，地方政府也很无奈，因为留守农村老年人哄抢从来不可能是治安事件，而必是政治事件。因此，资本大户为了安心种田，就一定要想方设法让留守村庄的农户离开村庄，离开土地。这样一来，本来是用于解决农民问题的土地就变成了对农民的排斥。

正是在这个意义上讲，当前中国市场边缘地带或广大的中西部农业型农村地区，一定要保护中农，正是中农形成了村庄中最为典型的自生自发的秩序。在农民城市化的背景下面，只要村庄土地和主要利益仍然留给本村中农，村庄中就可以形成积极的中坚力量，就会有内生的主心骨，国家对农村的资源输入才可以找到对接力量，村级治理才能有效。相对来讲，在市场中心地带和市场半中心地带，因为农民有着众多非农业甚至非农村的收入机会，解决农业问题并不必须要同时解决农民问题，农业政策就可以有更大的弹性空间。

国家"三农"政策，地方政府治理，只有理解了中国农村的底层逻辑，才能顺势而为，治理有效。

九、认识区域中国

最近20多年一直在全国农村调研，强烈感受到中国农村的巨变。可以说，20世纪90年代以来的30年是中国农村史无前例的巨变时代，这种巨变仍在进行中。我个人研究中特别强烈的一个体会是，20世纪90年代村庄还是封闭的，农民主要生产生活仍然在村庄进行，农村最大的矛盾是由收农业税费而来的干群关系紧张，以及因此带来的国家与农民关系紧张。因为村庄相对封闭，农民生产生活主要空间都在村庄，村庄社会结构就十分完整，村庄特定社会结构对村民生产生活的影响，及与自上而下、自外而内各种政策、法律和制度的对接方式都是相当不同的。在中国不同地区调研，尤其可以强烈地感受到华南地区、华北地区、长江流域、东北地区等的差异。可以说，我十分有幸亲眼见到中国村庄这种显著的南中北差异，并将这种差异总结出来了。

更幸运的是，随着市场经济快速推进和城市化快速发展，南北中国以肉眼可见的速度变化甚至消失，代之以"东西中国"。

同样的故事发生在中国文化核心区与边缘区的差异上面。"文化中国"因此向"城乡中国"快速演进。

为什么在进入21世纪之时会出现"南北中国""文化中国"向"东西中国""城乡中国"的演进呢？主要原因当然是现代化进入到了新的阶段。这个阶段不再依靠农村来积累工业化原始资本，不再需要通过计划经济来统筹工业化所需要的资本。新阶段主要靠市场经济、城市化、出口导向的经济发展新战略，结果就是之前封闭的农村开放了，农村人财物资源快速进城。过去农民的主要生产生活都发生在村庄，村庄是农民利益的主要载体。进入21世纪，城市向农村开放，城市有着远多于农村的利益机会，村庄和农业中的利益机会大幅度减少，之前农村社会结构中的各个主要行动者或利益主体也就没有在村庄中积极行动争取利益的动力。村庄之前的社会结构动力不足，结构也就变得不再显著，"南北中国"和"文化中国"同时向"东西中国"和"城乡中国"演进就是自然而然的了。

但这并不表明农村不再重要，对中国不同区域的认识不重要。

从城乡中国的角度来看，农民城市化，农村空心化和老龄化。如何应对城市化背景下面的农村秩序问题，如何积极看待农村和农业对于中国城市化、现代化的影响，对于中国能否实现现代化的突围非常重要。这是我在本书第一章中重点阐述过的观点。

从东西中国来看，当前中国城市中心地带、半中心地带和边缘地带的农村，因为距离市场中心远近不同，可以从市场获得机会多少不同，以及农业农村对不同农民群体重要性不同，就决定了不同区域三农政策的重要性有很大差异。尤其认识市场边缘地带或广大中西部农业型农村地区农民生计是如何维系的，秩序是如何保持的，治理如何才能有效，将关系到数以亿计农民的生存境遇，将关系到中国现代化能否找到根基，关系到"三农"政策能否准确到位，关系到农民能否被认作中国现代化的支持力量。

通过对中国农村全面深入持久的调查研究，将抽象的、一般的、往往被道德化了的、概念化了的中国农村和农民进行区分，从而将中国农民具体化，将中国农村区域化，真正深刻认识中国农村不同区域中的不同农民的不同特质、不同境遇，以及不同区域村庄社会中的不同社会治理机制，才可能通过精准的"三农"政策，推动有效的乡村振兴行动，并最终助力中国现代化实践。

当前中国学界的一个重大历史性任务是深入到庞大的中国乡村社会中去，找到乡村社会内部的机制，形成基于区域的对中国农村乃至中国社会的整体认识。这种整体认识是有结构的整体，有具体的抽象，要经过多次正反合，直至形成关于中国乡村社区的认识、关于区域中国的认识。

第三篇

乡村治理的逻辑

一、从资源汲取到资源输入

20世纪以来，国家与农民关系发生了巨变。2007年我写了一篇《试论20世纪中国乡村治理的逻辑》，对20世纪国家与农民关系变动背景下面的乡村治理逻辑进行梳理，用"乡村利益共同体"来解释20世纪末发生的"三农"危机。进入21世纪，国家取消了农业税，开始向农村输入越来越多的资源，带来乡村治理逻辑的进一步演化。

简单梳理，传统时期，皇权不下县，基层治理主要依靠宗族、乡绅等地方精英和传统力量。国家轻徭薄赋，地方精英行为与农民纳税义务之间达成平衡。一个王朝在这种微妙平衡中可能延续二三百年国祚。

近代以来，国家加快了现代化建设，尤其是兴办洋务、教育，设立警务，加强了对农民的汲取。农民开始消极对待国家税赋，之前通过协助完成税赋来获得声誉的地方精英越来越难以在收取税赋与获得尊重之间达到平衡，保护型经纪退出，掠夺型经纪取而代之。土豪劣绅借向农民收税费来欺压农民，农民负担快速加重，不满日益上升。在国家进行现代化建设中增长的合法性与农民负担加重损失的合法性的竞赛中，后者占据了优势。新中国成立之前，国家政权始终未获得农民的有效支持。

新中国成立以后，国家通过"三级所有，队为基础"的人民公社体制将农民组织起来。一方面通过工农产品价格剪刀差从农村转移了约8000亿元用于建设重化工业，并在20世纪70年代建成了完整的国民经济体系。同时，通过人民公社将人多地少国情下的农村剩余劳动力组织起来搞建设，不仅修建了大量水利设施，大大改善了农业基础条件，而且通过诸如民办教师、赤脚医生、文艺宣传队等组织形式，大幅度提升了农民的文化和身体素质，培养出大批社会主义新人。

人民公社的优势是组织起来力量大，弱点是组织起来吃大锅饭，容易出现出工不出力的磨洋工现象。尤其到了人民公社后期，政治动员所起作用减小，生产队中的消极分子越来越多，诸如小岗村一类落后生产队，集体生产难以为继，因此开始了分田到户的改革。

分田到户，"交够国家的，留足集体的，剩下都是自己的"，农户有了经营自主权，劳动积极性大大提高，短期内农业产出大幅度增加。分田到户之初，农民生产积极性高，农产品供给充分，农产品价格上涨，农民负担不重，农村一片欣欣向荣的景象。到了20世纪80年代末期，农业生产力释放殆尽，农民收入增长乏力，地方政府却试图增加农民负担，尤其到1994年分税制改革后，地方政府纷纷加重农民负担。农民负担重，缴纳税费积极性下降，向分散农户收取税费越来越难。县乡政府为了将税费收取上来，开始默许村干部协税时加派以获好处，进一步引发村民群众不满，由此造成了20世纪末众所周知的"三农"危机。

2006年国家取消了农业税和各种专门面向农民的收费，并由之前国家从农村汲取资源转为向农村输入资源。国家与农民关系的这个变化，可以说是中国乡村第一个层次的巨变。国家从农村汲取资源，村庄公共品就只可能通过内生方式供给，即从农民那里筹资筹劳建设公共品，结果就必然是村庄公共品供给的瞄准率高，且几乎不可能有人借公共品建设来谋取私利。取消农业税也就同时取消了向农民的各种收费（的能力），农村公共品供给不足，国家因此向农村转移资源以维持农村基本生产生活秩序。

自上而下的资源输入很难与农民自下而上的公共品需求偏好有效对接，原因很简单，就是对农民来讲，国家免费资源越多越好。结果就是，国家资源在向下输送转移的过程中，各级主体都从中获益，真正到了村庄却往往与农民公共品需求错位，资源下乡的效率大打折扣，各个层级、各个利益主体借国家资源下乡获得了好处，从而形成了"分利秩序"。

要改变国家向农村转移资源不精准、浪费、错位、低效等问题，就要加强资源输入部门的责任意识，资源输入部门必须对下乡资源的安全性和有效性负责，各个涉农资源部门因此要求资源下乡必须要按规范、程序、标准下乡，部门的检查评估也就下乡了。部门对地方和基层政府资源下乡的检查评估，进一步变成排名约谈，对于排名靠后的地方政府进行通报批评，甚至一票否决，由此对基层治理产生了重大影响。

二、国家与农民关系的三层分析

上面对国家与农民关系的梳理，重点是从资源流向角度进行的。国家借地方和基层干部从农村汲取资源，以及国家通过部门、地方和基层向农村输入资源，都会对乡村治理产生重大影响，乡村治理的逻辑服从国家与农民关系的大局。不过，具体制度设计也十分重要。好的制度设计可以在实现国家目标的同时维持基层秩序，不好的制度设计会恶化基层治理，当然也就无法达到国家目标。

在继续讨论以上问题之前，我们先讨论另外一种类型的国家与农民关系，这对于我们认识乡村治理也有重要作用。它就是国家—地方—农民三者之间的有趣关系。

20多年前到农村调研，几乎每次都会遇到农民上访的问题。特别有趣甚至可以说让我震惊的是，几乎任何时期和任何地方，乡镇一级总会有几个特别难办的老上访户。他们不讲道理，缠访，每周都到乡镇政府闹事。乡镇政府对此毫无办法，只能安排特别有耐心的接访干部接访，听他们倾诉。问题当然是无法解决的，因为都是无理要求，接访干部态度却极为友好，设身处地为上访户想办法，安慰他们，稳定他们的情绪。避开上访者刚来时的激烈情绪，再慢慢沟通。问题解决不了，又没有拖到爆炸，在上访者每周都来乡镇上访和乡镇耐心接待以及关心上访者生活之间形成了平衡。那么，什么时候才可以解决上访者的问题呢？很多乡镇干部说，只有小心奉陪，等上访者走不动了，或者去世了，问题就解决了。

　　之所以问题解决不了，是因为上访人提出的要求不合理，没办法解决。如果满足上访人的不合理要求，他往往会得寸进尺，再提出新要求。不仅上访人提出新要求，其他人也会提出不合理要求，上访就会陷入恶性循环。不满足无理要求并非就是对上访户的诉求完全不管不顾。"三到位一处理"是信访工作的基本要求，即"诉求合理的问题解决到位，诉求不合理的思想疏导到位，生活困难的帮扶救助到位，行为违法的依法处理"。正是"三到位"，乡镇安排专门接访干部耐心接访，依法处理又让上访人不至于到乡镇政府搞打砸抢烧，最多只是威胁、吵闹，影响办公。

　　每个乡镇几乎都有每周上访甚至闹访的常客，当然是影响乡镇形象及乡村治理的。问题是，我们是人民政府，总不能不让农民来上访吧，即使看上去提出的要求是无理的，如何判断无理却很难有标准。所以，几乎所有乡镇领导都很头痛于这样的无理上访，也很怕，因此有乡镇干部就盼望上访者去世，一了百了。

　　实际上，无理上访有两个特别重要的作用。一是上访者持续上访，只要他上访的诉求里面有一点合理性，乡镇乃至上级部门都一定会想方设法解决。如果上访者是因为干部（无论哪一级）问题引发的上访，这个持续上访人就一定可以将问题干部告倒。如果是执法不公，这个不公的执法也就会被反复曝光，成为负面典型，结果就是，为了避免引发上访，干部执法和对待群众也都必然会更加依法依规，而不敢胡作非为。二是无理上访者持续上访，成为乡镇范围内众所周知的事情。上访者的无理诉求群众也很反感，甚至上访者的家人也不支持，乡镇虽然耐心接待，却并没有无原则满足上访人的无理诉求，就相当于在乡镇范围内告知所有人，无理上访是不可能有好结果的，结果只能是上访者将自己耗死了。无理上访人的悲剧防止了更多的无理上访。

这就是全国几乎每个乡镇每个时期总有每周都来上访甚至闹访的缠访人，却又都不多的原因。

信访制度是一项具有中国特色的制度。信访就是人民群众的来信来访。我们是人民政府，就要关注人民疾苦，解决人民困难。人民群众通过来信来访提出诉求，人民政府就有责任认真回应。人民群众来信来访提出的诉求，合理的，人民政府当然要解决，不合理的，当然也不可能及不应该解决。从全国来讲，最了解人民群众情况的是基层政府，尤其是乡村干部与人民群众面对面接触，熟悉每个农民，因此，人民群众的诉求就首先应当由基层政府来解决。

问题是，基层政府资源比较少，人民群众很多合理的诉求，基层政府无力解决。更重要的是，人民群众反映的有些诉求就是因为基层政府不作为或乱作为引起的，让基层政府自己解决自己的问题有点难。因此，人民群众就逐级向上反映情况，就来信来访到了县、市、省甚至中央。

全国人民反映到中央的问题必然数量庞大，且问题复杂，不好解决。中央也就只能向省、市、县批转信访件要求地方解决问题，最后问题还是回到了乡镇政府。

因为有中央的登记和批转，乡镇处理信访件就要向上层层报告处理情况。具体如何处理，中央不可能判断，中央可以判断的有两个：一、是否及时进行了处理，二、信访人对处理意见是否满意。一旦上级信访部门设立了这两个判断或考核指标，信访人就完全可能以不满意来要求基层政府满足自己的不合理诉求。乡镇如果满足了信访人的不合理要求，信访人很可能会得寸进尺，也一定会有更多人提出不合理诉求；如果不满足信访人的不合理要求，低满意率又让乡镇面临受到上级批评甚至追责的压力。

上级批转乡镇的信访件，很多本来就是针对乡镇的，且往往是乡镇解决不了才上访到了中央的。如果上级信访部门不考核满意率，乡镇在处理上级批转来的信访件时，也就一如过去应付了事。只有当上级信访部门考核满意率，乡镇面对考核压力，才会不得不想方设法解决上访人的诉求，至少要对情况进行充分说明，这样经过上级批转的信访制度才可能发挥作用。否则，信访制度就没有作用。

这样一来就会出现一个悖论：如果上级信访部门对基层信访人满意率进行考核，可能造成基层政府不得不满足信访人的无理诉求，从而引发更多无理上访；如果不考核，基层政府有恃无恐不作为，甚至对信访人说你有本事就告到北京去，信访制度就成了摆设。

解决问题的办法是找平衡，不能绝对化：既要讲满意率，又不能完全按满意率来；一个时期强调满意率，一个时期又不看重满意率；当满意率引发过多无理上访时，就允许较低的满意率；当满意率过低以至于基层政府面对上访群众有恃无恐时，就要求较高满意率。正是这种动态平衡可以发挥信访制度的最大作用。

乡村干部最了解农民群众，农民群众绝大多数诉求在与乡村干部面对面的过程中就解决了。有一部分问题是乡村干部解决不了的，其中资源不足是重要方面。又有一部分问题可能就是由乡镇不作为乱作为引发的，因此就有农民群众向上级直至中央反映诉求。中央批转信访件回到基层，基层感受到压力就满足上访人诉求，必然会激发更多农民群众向中央反映诉求。

所有人民群众的信访都集中到北京，甚至很多上访者到北京上访，就会影响正常的国家治理。尤其是在重大节庆，有上访人为了解决诉求，不惜以极端行为搞事，引起舆论重视，好解决问题。合理的诉求如此，不合理的诉求也如此，谁闹谁有理，谁闹谁得好处，上访人因此倾向于通过到北京闹大来满足自己的诉求。大量上访人集中到北京，都倾向于通过闹大来满足自己的诉求，解决自己认为应该解决的问题。

但中央不可能具体解决，因此就只能批转地方直至基层来解决问题。无论基层能否解决问题，中央都必须让地方和基层缓解矛盾，对地方和基层进京上访量进行考核，尤其是在关键政治节点上访，会被一票否决。

这样一来，一方面农民群众有上访的权利，另一方面上级对下级又有满意率考核和上访量考核，地方和基层可以做的就只能是：第一，工作中严格依法办事，坚决不能激发矛盾，不乱作为，也不不作为，及时发现治理中的问题，及时化解可能存在的矛盾。第二，针对已出现的信访，尤其是缠访，只能耐心细致做工作，尽可能通过"三到位一处理"将矛盾控制在可控范围，包括乡镇每周都有无理闹访群众也属于可控范围。

信访制度运作机制涉及三个关键主体，即中央—地方（包括基层）—农民（或社会），正是三者互动，为信访制度发挥作用提供了可能。我在2012年通过对信访制度的研究，提出了中央—地方—社会的三层分析框架。

在三层分析框架中，包括基层在内的地方政府与人民群众构成了社会面对面，地方最了解社会情况，直接面对人民群众，人民群众有困难就找地方政府，地方政府也应当尽力解决人民群众的困难。实践中则存在两个问题：第一，地方政府消极对待人民群众的诉求，甚至人民群众之所以上访正是因为政府乱作为损害了人民群众的利益，人民群众的诉求就是要反对地方政府的乱作为；第二，人民群众也很复杂，人民群众有些诉求是合理的，有些诉求是不合理的。哪些诉求合理，哪些诉求不合理，如何甄别也是难题。由地方政府来甄别，地方政府很可能将那些指向地方政府的合理要求认定为不合理要求。因此，就应当允许人民群众向中央来信来访反映问题提出诉求。问题是，中央无法具体细致了解人民群众的处境，难以甄别人民群众诉求是否合理，也就只能再批转到地方甄别处理。

面对中央批转来的信访件，地方有两种处理方式：一是无视中央批转，坚持之前的处理不变，上访人到中央的上访以及中央批转就发挥不了作用，相当于在信访制度安排中，或国家与社会关系中，中央权威成了摆设，地方几乎可以说一不二。二是在中央考核压力下面，地方不得不想办法解决，缓解矛盾。中央考核办法无非两种，一是到中央上访的信访量，二是中央批转信访件的信访满意率。

面对信访量和信访人满意率考核，地方政府如果通过满足上访人不合理诉求来解决问题，短期内可能有效果，时间一长就会激发出大量无理上访，且会有越来越多无理上访者到北京。

地方政府应对考核的根本办法就只能有两种：一是依法行政，不能乱作为，也不能不作为，要将矛盾消灭在萌芽状态，要为官一任造福一方，保一方平安；二是对已发生的上访，只要合理的就要及时解决，不合理的要解释到位，关心到位，但不能没有原则地花钱买平安。

在面对信访人时，地方政府与信访人在诉求是否合理上面会有分歧。地方政府认为不合理，信访人认为合理，所以信访人向中央反映诉求。中央批转后，诉求到了地方，地方如果仍然认为其诉求不合理，上访人就可能利用政治节点的敏感时期到北京，将事情闹大。中央就会因此对地方一票否决。地方于是想方设法进行信访维稳，默许上访人定期不定期反复到地方政府反映诉求，甚至默许上访人反映诉求时情绪比较大，安排特别有经验和耐心的干部接待安抚。

上访人到中央上访，往往都是依据国家政策，就可以让中央更全面深入地了解基层情况，更加有效地防范地方的胡作非为甚至地方主义倾向。正是那些有真冤屈的上访人坚信"总有说理的地方"，持续上访，才将之前发生的问题撕开，中央对这种持续不断的上访进行专案处理才有了可能。一个专案就可能撕开一个地方违法违规利益共同体的大口子。持续不断的上访本身就是一种信息甄别机制。

同时，持续上访又容易导致信息失真从而产生偏执，上访人很可能从有理上访变成无理上访。这样的无理上访就可能被处理，或者被地方政府应付对待。

从以上中央—地方—社会三层互动来看，信访制度让农民群众有了提出诉求的便捷渠道，让中央有了了解基层民情、约束地方政府的办法，也让地方政府在面对面接触农民群众时依法依规，既不能不作为，又不敢乱作为。这样看来，信访制度是一项特别重要的国家治理制度。

同时，信访制度又并非完美的制度，比如由信访制度而来的缠访，中央对地方考核导致地方截访，都说明信访制度不完美。解决信访制度不完美的办法就是通过制度微调来保持制度的活力。

实际上，当前中国国家制度中存在着很多与信访制度类似的制度安排，典型的有市民热线、警务热线110，都形成了一种基于动态调整的治理平衡。世界上没有绝对好的制度，通过制度微调来解决治理中的绝大多数问题，同时将制度本身的问题最小化，是处于转型时期中国国家治理以及乡村治理的重要特点。

三、乡村利益共同体

2000年左右，我在湖北一个村调研，农民都反映村支书存在严重问题：一方面仗着兄弟多，身高体壮，做事很霸道；一方面借向农民收税费谋私，明显存在经济上的问题。我在访谈镇党委书记时，向镇党委书记说了群众一致反映的情况。镇党委书记讲了这么一段话：我也知道某某有问题，但不能查处他，因为他能按时完成协税任务。如果查处他了，谁来帮乡镇完成协税任务呢？

也就是说，镇党委书记比村民更清楚村支书存在的问题，也有村民向他反映了村支书的问题，并且有村民向上级举报村支书，举报信也已转到镇党委书记手上了。但是，镇党委书记不能查办村支书，甚至不能撤村支书的职，而是继续让村支书当下去，以能完成协税任务。村支书有没有问题不重要，能协助完成收取税费任务是最重要的。反过来倒是，村干部协税容易得罪村民，不得点好处谁愿意协税呢。只要村支书能协助完成税费任务，无论村民如何举报，乡镇都是要保护村支书的，由此就形成了乡村利益共同体。实际上，在取消农业税前，为鼓励村干部完成收取税费任务，乡镇普遍默许村干部在协税时向农民加派，允许村干部从向农民收取的税费中提取一定比例工作经费。

20世纪90年代"三农"问题凸显出来。尤其是1994年分税制改革以后，地方政府（特别是中西部农业型地区的地方政府）主要收入来自农村。各级地方政府要维持政府运转，提供公共服务（尤其是教育、医疗），建设基础设施和发展经济，都需要有财政收入。中西部地区地方政府财政收入主要来自农民税费。

当时向农民收取税费名目繁多，有所谓"一税轻，二税重，三税是个无底洞"的说法。一税是指农业税，皇粮国税不可免，农民缴纳农业税的意识还是很强的。二税是"三提五统"。三税是各种集资摊派。此外还有共同生产费和"两工"义务，名目繁多，农民负担很重。

农民负担重，就缺少缴纳税费的意愿。县乡两级要靠向农民收取的税费保运转、搞建设，但是，县乡两级甚至连税费任务都分摊不下去，也无法区分出农户中真正缴不起税费的困难户和有钱不愿缴的钉子户。如果上级对困难户采取强制收取措施，就可能造成恶性事件；如果不敢对钉子户采取措施，其他农户也就会学习钉子户有钱也不缴。

人民公社时期，农民是通过共同生产、共同分配高度组织起来的，国家从生产队中收粮派款，是国家收粮之后再进行集体分配的，所以，人民公社时期，国家从农村收粮派款是低成本的，很容易的。分田到户以后，农户重回家庭经营，国家要从分散的一家一户中收取税费，就须通过村干部与每个农户打交道，收取税费比较难了。农民一旦觉得负担很重甚至已经负担不起，就没有缴费积极性，缴不起的困难户和有钱也不缴的钉子户就越来越多。

村庄是熟人社会，非亲即邻。村干部不是干部，而是拿误工补贴的农民。既然协税不容易，农户不愿意缴税，那些好人村干部就不愿再当，也当不下去，乡镇也必须让有能力完成协税任务的村民来当村干部。

有协税能力的村民，必须是孔武有力的狠人。狠人当村干部，就必须要有好处。村干部的误工补贴无法弥补狠人村干部协税得罪村民的代价。

为了鼓励狠人村干部协税，乡镇就要允许狠人村干部协税时加派，就要默许狠人村干部在村庄中的蛮横霸道。

蛮横霸道的村干部在协税时加派，农民负担就更重了。农民看到狠人村干部正以肉眼可见的速度富裕起来，内心就更加不满，缴税就更加不积极，干群关系就更加紧张，恶性事件就更容易发生。

从乡镇来讲，当一个好的党委书记，为官一任，造福一方，当然是很好的。在农业税费征收困难的情况下，乡镇乃至县级最关心的问题却是按时完成税费任务，因为一旦不能完成税费任务，县乡运转就有困难，教师工资发不出来，基本建设也无法进行。因此，一个好的乡镇党委书记必须能按时完成税费任务，当然，能按时完成税费任务的乡镇党委书记不一定就是好的乡镇党委书记。

乡镇要完成税费任务，就必然要求村干部协税，按时完成税费任务。村干部收税费越来越难，越来越难以按时完成税费任务，乡镇就鼓励村干部先借钱代缴，之后从农民那里收到税费，再去偿还借款。借款就得支付利息，利息太低，没有人愿意借钱给村干部向乡镇缴税费。因为借款时间不长，比如每年6月借款，预期9月秋收后就可以从农户那里收到税费再还上，借款利息高一点也没有关系，因此就出现了月息五厘的高息。月息五厘的意思是一个月5%的利息，一万元借一年，利息6000元，如果只是借3个月，利息就只要1500元。

借钱上缴时，本来以为9月就可以收齐税费，结果有很多农户不缴税费，短期借款就变成了长期。借了10万元，一年后变成16万元，两年后变成25.6万元，三年后变成40.96万元，利滚利，借款就变成了天文数字。

高息借款，一本万利，真是好生意，很多村民找村干部拉关系要借钱给村集体。很快，村集体负债越来越高，还不起借款，只能以农户应缴税费抵借款和利息，村干部能够收取的税费就更少了。

乡镇为了完成必须要完成的税费任务，就要鼓励村干部变卖集体资源，同时也给村干部更大的从完成税费任务中获取回报的政策变通或默契。狠人村干部不惜一切代价完成上级下达的税费任务，也大包天地捞取个人好处。当村民向上级反映村干部的问题，举报村干部贪污时，乡镇必须要保护村干部，不然，查处一个，影响一批，谁还会再为协税而倾心尽力？这样就形成了貌似坚固的乡村利益共同体。

在上级巨大的税费征收任务压力下面（一票否决），面对不愿缴纳税费的分散农户，只有那些狠人当村干部才可能完成协税任务。狠人村干部进一步加重了农民负担，加剧了干群关系的紧张，乡镇庇护村干部结成利益共同体，就将"三农"形势以肉眼可见的速度推向危险境地。到了世纪之交，以湖北为典型的中西部农业型农村地区普遍陷入了农民负担沉重、干群关系紧张、村级债务急剧增加、基层治理难以维系的困境，"三农"问题成为世纪之交党和国家工作的重中之重。

"三农"问题最严重的是中部农业大省。东部地区地方财政靠工业和城市，西部地区地广人稀，资源丰富。中部地区农业发达，农民人数多，地方财政对农业税费依赖度高。尤其湖北这样村庄结构高度原子化的地区，农民缺少集结起来反对上级加重负担的集体行动能力。在乡村结成利益共同体的情况下面，农民开始逃离家乡，农村恶性事件频发，村级债务严重，农民负担也是最高的。

有趣的是，世纪之交，"三农"问题显得最严重的却是黄淮海地区。主要写皖北"三农"严峻形势的《中国农民调查》就曾风行一时，影响巨大。其中一个关键是黄淮海地区的皖北农民集结起来上访，要求地方政府落实中央减轻农民负担的政策。从村庄社会结构上看，皖北所在黄淮海地区是小亲族结构占主导的农村地区，小亲族内部及小亲族之间可以联合起来，以县乡村违反国家减轻农民负担政策为由上访。一波一波农民的集体上访，使得当地农民的负担被限制在一个限度内。实际上，皖北农民的负担是远低于湖北农民的。

之所以湖北农民负担高，却很少有农民上访要求县乡村落实中央减轻农民负担的政策，是因为湖北农村高度原子化，难以形成集体行动，负担最重却没有反抗行动。

江西以及整个华南地区的农村，有着仍然具有行动能力的宗族组织。村干部如果为谋私利而暴力协税，就过不去具有行动能力的村民这一关。甚至县乡组成的税费收缴小分队到了村庄，也很可能被集体行动起来的村民打跑。结果就是，虽然江西等宗族地区农民负担也重，也因此发生过震动全国的群体性事件，人均负担却远低于黄淮海等小亲族地区，更远低于高度原子化的湖北农村。

或者说，20世纪90年代末出现的乡村利益共同体更容易在原子化程度较高的湖北等地区形成，而难以在宗族化程度较高的华南农村形成。

20世纪90年代农民负担过重的一个原因是地方政府在发展上急于求成，以为通过自上而下地下达任务，调动地方政府建设现代化事业的积极性，就可以有更快的经济发展速度，能更好地建设现代化事业，却忽视了20世纪90年代中国农村在小农经济基础上，已经失去了可以有效从农村抽取资源以用于现代化建设事业的组织手段。由于缺乏有效的组织手段，在自上而下的压力下，乡村结成利益共同体就势所必然，在短短十多年时间里乡村治理就陷入困境。

四、分利秩序

面对不可持续的严峻形势，国家启动了农村税费改革，主要是试图通过减轻与规范农民负担来缓解"三农"工作的严峻形势。结果农村税费改革仍然不很成功，国家因此决定自2006年起取消农业税及各种专门针对农民的收费。中国实现由从农村汲取资源到向农村输入资源的根本转变。过去历史上，国家与农民关系一直建立在从农村汲取资源的基础上面。2006年开始取消农业税，国家与农民的关系发生巨变。以国家向农村转移资源为基础的国家与农民关系的新阶段开始了。

这个阶段开始的第一步就是，因为不再需要村干部协税，乡镇就不可能纵容狠人村干部的蛮横贪污，同时，因为不再需要收取税费，狠人村干部也就不可能借收取税费自肥。狠人很快退出乡村干部行列，好人再次当上村干部，之前的乡村利益共同体解体。

国家从农村汲取资源，尤其是要从分散且剩余很少的农户那里汲取资源，农户会有强烈的"痛感"，因为这是他们用汗水换取来的劳动成果。同时，农村有大量超过一家一户的公共事业需要建设，公共事业建设也需要向农户筹资筹劳。向农户筹资筹劳建设的农村公共事业，一定是农村最紧缺的公共品，也一定是与农民公共品需求偏好高度一致的。且村庄社会是熟人社会，由农户自己出钱建设的公共事业，一定会由最适合的建设者以最低成本来建设。简单地说，通过村民筹资筹劳建设的公共事业，一定是最符合村民公共品需求偏好且一定会用最低成本建设最好质量的公共品。村民绝对不会允许自己出钱建设的公共事业是没有实际用途的，以及是浪费了大量资源的。因此一分钱做出了三分钱的公共事业来。

当然，因为向农户筹资筹劳不是那么容易，以及村民公共品需求偏好有差异，村庄内生建设公共事业就可能因为筹资筹劳不足而造成公共品供给不足。这与只要村庄能够筹资筹劳，每一分资源都会以最好的方式用到最该用的地方不矛盾。

取消农业税后，国家不再向农民收取农业税，之前往往搭农业税强制征收便车的其他专门面向农民的收费一并取消了。共同生产费及由农民承担的"两工"义务，也或取消，或难以再收取，农村公共品因此出现了严重不足。

2006年以后，国家加大向农村转移支付力度，尤其是十八大以来，国家每年向农村转移资源超过万亿，而取消农业税前国家每年收取的农业税才约900亿元。之前由农民自己筹资筹劳建设公共事业，逐步变成由国家通过项目制来为农民建设公共事业包括提供基础设施，城乡均等的基本公共服务成为新时期国家的政策目标。

国家资源下乡搞建设，自上而下层层向下转移，反过来也就是自下而上层层向上跑资金拿项目。在农村基础设施和公共事业建设缺口很大而国家资源有限的情况下面，自上而下的资源转移和自下而上的争资跑项，就会发生一些有趣的事情：在掌握资源的上级部门有关系，就容易拿到项目，积极性高的下级也容易拿到项目。这都是合法的，是经过了正式资源转移程序的。在合法合程序的同时，却有着各种特殊关系在起作用。

因此，积极争资跑项的下级一定要想方设法为掌握资源的上级部门提供政绩，以及按上级部门要求安排工程，比如招标工程的第三方大多是上级部门的事业单位或从上级部门独立出来的民办非企业，甚至就是企业。这些企业最了解行情、标准，与验收工程质量的上级部门工作人员过去是同一个办公室的同事。拿到了上级部门项目的地方政府和基层干部，他们免费为地方争取到了项目，就是地方的功臣。

上级安排项目，为农村建设基础设施和提供公共服务，不需要村民出钱出力，村民就不会特别地关注项目本身的合理性，以及由谁来建设。项目建设得好不好，有没有作用，存不存在浪费，村民都不关心，当然也没有关心的渠道，因为是上级拨款，由上级招标、验收和审计。上面安排下来的项目是天上掉下来的馅饼，即使受益少一点，总比没有好。

国家项目安排在哪里都可以，每个地方都有跑项目的积极性，因此就无法保证国家项目恰恰安排到最有需求的地方。国家项目落地，如何建设，必须要按全国统一标准，因此，最适合当地的建设方式很可能就无法入选。

国家项目落地，是要为农民提供基础设施和公共服务。项目是通过正规程序招标的，中标外地施工队建设项目中要占用农民土地，农民就可能借此机会索要高额补偿。施工队拖不起工期，支付高额补偿，就会激起围观村民也当钉子户。结果，国家为农民提供的建设越多，就会产生出越多索要高额补偿的钉子户。当国家为农民建设公共品，而几乎所有农民都倾向于当钉子户索要高额补偿时，由国家为农民建设公共品这个事情就会变得令人纠结。

就是说，在国家为农民提供公共品的过程中，如果提供的是标准化程度高的公共品，国家可以按统一标准无差异地供给；而对于与农民生产生活密切相关的种类繁多、特殊性强、低标准化公共品的供给，就容易出现偏差。典型表现是：一是国家项目落地建设，却与当地实际需要不配套，甚至当地并不需要，更难与当地农民公共品需求偏好一致，从而出现了项目建设与当地需要的错位；二是落地项目未能按地方最佳办法进行建设，项目建设中存在大量浪费，项目投入大，冗余功能多，实际作用却不大。按当地标准可能只需要10万元就可以建成的项目，实际上花了三倍资金却仍然没有建好。这种情况可以说比比皆是。

也就是说，由国家转移资源为农民建设公共品，大量国家资源投入却并未形成相应的公共品，不出事的管理目标代替了改善民生的政策目标。国家资源下乡供给农村公共品效率有点低，存在大量浪费。

虽然存在大量浪费，却没有因此造成各方面严重不满，而是保持了秩序。取消农业税前，国家从农村汲取资源，集体向农民筹资筹劳搞建设，很快就引发了干群关系紧张，"三农"问题严重，农村秩序难以维持。在由国家为农村提供资源搞建设的过程中，虽然存在大量资源浪费，却因为没有出钱出力，农民对资源浪费就没有"痛感"，没有"痛感"，也就不会反对，更不会成群结队去上访。因此，国家对于资源下乡中的严重浪费也就缺少感知力，只是偶尔有媒体报道某地国家资源投入浪费，引发舆情。因为这种资源浪费没有实实在在的承受痛感的群体，部门就倾向将报道出来引发舆情的案例作为特殊情况进行处理，其他一切照旧。

反过来，国家资源向农村转移的过程中，因为有大量国家资源的滋养，各个方面和各个环节都能从中获益。掌握资源的部门，从部门分化出去成立的第三方，争资跑项获得免费资源的地方政府，参与项目的基层官员，中标搞建设的工程队，索要超额补偿的钉子户，以及多少可以从项目建设中受益的村民，都从国家资源中获得了好处，而没有付出任何代价。所有各方面各环节都获得了利益，因此都是满意的，这种由国家资源下乡分利所形成的各方面满意的格局即分利秩序。

分利秩序带来了以下两个问题：

第一，国家资源经过层层截留，层层转化，到最后落地时，却因为项目供给与基层需求错位，以及建设方式与项目不适配，而使国家向农村转移的巨额资源并没有形成农村充分的公共品供给。

第二，从国家资源下乡各方面、各环节获利的各方结成越来越深厚的关系，形成新的利益共同体。这个共同体会逐步由松散走向紧密，由偶然走向必然，由被动走向主动。资源越多，这个共同体联系就越紧密，能量就越巨大，这必然使得国家与农民会被一层深厚的力量所隔开。农民看似从分利中得到了好处，看似国家与农民关系较收农业税时有了改善，实则是国家与农民关系越发疏远、隔膜，形成的是低度均衡而不是高度嵌套的关系状态。

五、部门利益与多中心工作

取消农业税以后，国家向农村转移越来越多资源，目前国家每年支持"三农"事业的财政资金超过2万亿元。国家向农村转移资源，是通过各个部委，以项目的形式向农村转移落地的。部委向农村转移资源容易出现资源使用不当的问题，包括资源被挪用甚至贪污，以及资源低效使用等。因此，部委就有责任通过制定更加完善的制度、标准、程序来规范资源的使用过程，就会对使用资源的地方政府和基层干部的工作进行检查评估，对工作排名靠后的地方政府和基层干部进行通报约谈。通报约谈之后仍然不能改进工作的，就可能被上级当作典型一票否决。

因此，各个部委就要制定资源转移与使用的规范、程序和标准，地方政府和基层干部必须按部委制定的规范来使用资源，由此出现了随着资源下乡而来的部委规范、程序和标准的下乡。

地方政府必须按上级部门要求的规范使用资源，上级部门有权对地方政府使用资源情况进行检查评估。上级部门除了向地方政府转移资源及制定使用资源的规范以外，还有与下级政府之间的业务关系。上级部门就有意将地方政府使用资源的情况、提供配套的情况、部门业务工作情况，一并进行检查评估和考核排名，对排名靠后的地方政府进行通报约谈，从而推动部门业务工作。

因为有大量国家资源通过部委向下转移，有的部委便借机扩大部门利益，其中一个办法就是强调部门工作的重要性，将部门工作变成地方政府的中心工作。有的部委通过推动地方政府成立工作领导小组，由地方政府党政负责人担任领导小组组长，工作领导小组办公室设在地方政府主责的业务部门（局委办），主责及参与部门名正言顺地变成了统筹、检查、监督下级政府和同级部门完成本部门业务的综合性协调指挥机构，从而大大扩大了部门的权力，推卸了部门责任，实现了部门利益的扩张。

部委之间是有比较和竞争关系的，向农村转移资源的其他国家部委很快就会向成功扩大了部门利益者学习。一些部门强调本部门工作的重要性，都试图借资源下乡实现规范下乡、考核监督下乡，将部门工作变成地方政府的中心工作。

一旦向农村转移资源的部委可以成功地将部门工作变成地方政府中心工作，那些虽然不担负转移资源责任，却有实权的部门，包括党委部门，安全生产、土地管理、环境保护等部门，就更有理由要求地方政府重视它们的部门工作，将部门工作变成中心工作，并且实行一票否决。

即使那些既不向下转移资源，又不具有实权的相对虚体的部门，比如群团组织，也试图通过向地方政府布置任务来体现存在感，并要想方设法在对地方政府的综合考评中占有一席之地。借这个一席之地，相对虚体部门将部门利益变成地方政府考核得分。在地方政府相互之间激烈的排名竞争中，为了不排最后一名，地方政府就一定要分毫必争，虚体部门所设立的考核指标变成地方政府不得不拿出真金白银来完成的硬任务。

一些部门将部门业务工作变成地方政府的中心工作，由此部门利益转化为地方政府的多中心工作。在多中心工作压力下面，之前的"上面千条线"现在变成"上面千把刀"，地方政府就不得不想方设法、对标对表完成上级几乎无限多的任务，解决当地基层治理实际问题的资源则所剩不多。

部门工作中心化的一个典型是国务院扶贫办推动的精准扶贫。在2015年之前的农村扶贫主要是开发扶贫。开发扶贫存在的一个问题是，一旦被确定为贫困县和贫困村，国家就有扶贫开发资金对贫困县和贫困村进行财政和项目的支持，所以就存在争当贫困县，贫困县不愿脱帽的问题。

中央因此要求扶贫要精准，不能大水漫灌，国务院扶贫办于是推动了扶贫工作中心化的进程。

国务院扶贫办首先要求基层为每个贫困户建档立卡，然后将所有建档立卡信息上传国务院扶贫开发系统进行数据锁定，同时要求各地方高度重视扶贫工作，要为每个贫困户制定扶贫方案，落实帮扶措施和责任人，筹措并落实扶贫资源。为了防止基层在扶贫中搞数字脱贫，而不开展扎实的扶贫工作，国务院扶贫办制定了详细具体且数量众多的扶贫考核指标。扶贫系统对地方政府和基层组织扶贫情况进行年检，邀请第三方对基层扶贫情况进行评估，对凡是未能按照上级扶贫部门标准完成任务，或虽然完成任务但考核排名靠后的进行约谈通报。关键是，考核评估的重点并不在结果而在过程。国务院扶贫办制定的关于扶贫的各种详细指标、过程管理要求、数据填报，是基层必须无条件完成的任务。无论基层实际情况如何，以及基层之间差异如何巨大，基层都得达到上级指标要求。这就使得基层干部几乎所有时间都用来填报表格，迎接检查评估，按上级要求完成各种对标任务。

因为上级扶贫部门的要求过严过细，基层扶贫工作变成对标对表，将基层的主要资源用于完成（应付）上级部门安排的未必适合当地的各种任务，基层失去了作为一线工作者依据本地实际进行扶贫的主动性与可能性。基层负担沉重，形式主义严重。从我们在全国的调研来看，扶贫中基层干部70%以上的时间、精力用在了应付上级任务上面。

扶贫办成功地将扶贫工作由之前的部门工作变成了有扶贫任务的地方政府的中心工作，各个地方都成立了以地方党委书记为组长的扶贫工作领导小组，地方政府几乎所有部门都成为领导小组成员单位，且因为是地方政府的中心工作，纪委就会对扶贫工作进行直接监督。地方政府及相关部门不认真扶贫，不严格按要求扶贫，就可能被处分甚至撤职。扶贫工作变成中心工作，甚至变成高度政治化的工作任务。如果地方政府和基层干部在上级组织的考核评估中排名倒数，就很可能被一票否决。地方政府、基层干部以及作为领导小组成员单位的有关部门就不得不高度重视扶贫工作，严格按照上级扶贫部门（以领导小组的名义）要求来对标对表开展工作。

无疑，精准扶贫取得了伟大成绩，习近平总书记亲自宣布中国彻底摆脱了贫困，进入全面小康时代。这是伟大历史功绩。在精准扶贫过程中，国家向农村投入了大量资源。作为精准扶贫主要协调部门的国务院扶贫办为保证扶贫资源安全高效使用，要求基层为每个贫困户建档立卡，建立了国务院扶贫开发系统，制定了关于扶贫的各种严格而具体的过程管理制度、规范和要求，开展了频繁的检查评估。扶贫办这些操作本身也花费了巨大的扶贫成本，浪费了很多扶贫资源。之所以如此的一个原因是，扶贫办作为一个部门，实际上也是有部门利益的。作为具有部门利益的部门，扶贫办借扶贫工作的重要性，将扶贫工作变成中心工作，再借中心工作来推动地方政府和基层干部开展扶贫工作，将扶贫部门本身的业务转嫁到了地方政府、基层干部以及其他部门。扶贫部门成为综合、协调、检查、监督部门，极大地扩大了权力，推卸了责任，实现了部门利益最大化。

扶贫部门通过将部门工作中心化来实现部门利益，其他部门当然也会学习模仿，其中一个典型就是农业部门借人居环境整治来扩展部门利益。

如此一来，不少上级部门都会以部门工作的重要性来将部门工作中心化，以变成地方政府的中心工作，典型操作就是推动地方政府成立工作领导小组。部门就可以以地方政府工作领导小组名义来向下级政府布置任务，提出要求，进行检查，评估排名，对排名靠后的进行通报约谈，未能按要求完成任务的可能被一票否决。

据我们在县一级调研，目前县一级仍然在运转的各种工作领导小组一般在一百个左右。每个工作小组都有布置任务，进行检查，考核排名和进行评价的权力。部门工作就由之前以业务为主，变成了以协调、监督、考核为主。地方政府和基层干部之前一般只有少数几项中心工作，其他工作都是常规工作，现在则变成了有几乎无数的中心工作，县域治理形成了我们所讲的"多中心工作"格局。

当部门工作重点是业务时，每个部门都要与下级政府发生业务联系，共同协商搞好业务工作。上级部门与下级政府是平等的，下级政府就可以依据地方实际情况进行业务工作安排的优选，从而因地制宜、实事求是地开展工作。"上面千条线，下面一根针"，这根针虽然业务工作繁忙，却还是有一定自主权、选择权的。

现在业务部门变成了考核部门，业务工作变成了不讲条件也要完成的中心工作。工作推动过程中，上级业务部门就不是与下级政府平等协商，而是以工作领导小组的名义要求下级政府不讲条件地完成。上级部门的协调、沟通、支持没有了，地方政府的自主权和选择权也没有了，也不再反馈，无论是否符合地方实际都必须完成，否则就会被通报批评甚至撤职处分。"上面千条线"变成"上面千把刀"，下级政府不完成任务，上级就手起刀落一票否决了。

在多中心工作的格局下面，所有压力都传递到了基层，乡镇和村一级成为部门利益最大的牺牲品。

六、悬浮型内卷

2019年在安徽淮南农村调研，晚上讨论，陈义媛说，乡村两级干部工作十分繁忙，这些工作大都只是在应付上级安排的任务，却与当地实际几乎无关。我将陈义媛描述的这种现象称为"悬浮型内卷"[1]，即乡村工作十分繁忙，基层治理资源大都用于向上对标对表，完成上级安排考核的工作任务，却既不了解当地基层情况，也不顺应当地群众需求，甚至很少有时间去接触当地群众，更不用说去做群众工作了。

从我在全国农村的调研看，当前全国基层干部工作繁忙，身累心累，应当是普遍情况。基层干部繁忙工作中最重要的一项是做了大量应付上级检查的形式主义工作。

为什么全国基层普遍出现了"悬浮型内卷"？其中一个关键原因就是部门业务工作变成地方中心工作，各个部门都试图通过将部门业务工作变成带有政治任务性质的下级必须要完成的中心工作，从而实现部门利益。

现在的问题是，上级部门不止一家，上级安排的带有政治任务性质的中心工作不止一个，且上级部门都通过排名通报，约谈整

---

[1] 陈义媛：《内卷化的基层政权悬浮：县域多中心工作模式下的基层治理困局》，《湖北行政学院学报》2023年第6期。

改甚至一票否决来向地方政府施加压力，"上面千把刀，基层一颗头"，基层随时都有被"砍头"的风险。

以人居环境整治为例，上级部门要求地方政府搞好农村人居环境整治，出发点是好的，实际工作中却可能出现偏差。2023年到华北某省调研，市、县、乡镇三级均开展每季度一次的人居环境整治观摩，为市对县，县对乡镇，乡镇对村。以县对乡镇观摩为例，每次观摩都由县委主要领导牵头，参加工作领导小组的县各职能部门和乡镇政府党政负责人参与，对各个乡镇观摩点进行现场观摩，现场打分。观摩结束即召开总结大会，由排名靠前的乡镇书记做典型经验发言，排名靠后的乡镇书记做表态发言。在排名靠后乡镇党委书记表态发言时，乡镇长要在台上陪站。一次排名靠后，就绝不能再有第二次排名靠后。有了一次被上级约谈，再出现第二次被约谈，就不只是排名靠后的问题，而是工作能力和工作态度问题，因此就可能要调整班子了。

在上级部门对地方政府进行考核排名时，上级部门会尽可能将部门利益体现在对下级政府考核的评分中。近年来，上级部门对地方政府的考核评比有以下发展趋势：

一是有考核权的部门越来越多。在一些县市，连县档案馆都有对镇村的考核权，甚至对从无人光顾的"农家书屋"都有借阅率考核。这不仅使得被考核的事项大幅增多，而且使得地方政府要认真应对的上级部门及其工作也大幅增多。部门只要有一项工作被纳入对地方政府的考核范畴，即便这项工作只有一分的考核权重，地方政府也要做好这项工作，还不能怠慢这些部门的其他工作及负责这些工作的工作人员。否则部门在考核评比中就会把这一分打得很低，或者在考核组讨论时发表负面言论，影响整体评价。

甚至还有这种情况，即某部门没有工作纳入对地方政府的考核范畴，但该部门通过关系运作成为考核小组的成员单位，该部门对地方政府也就有了考核支配权和话语权，地方政府就需要认真地对待该部门的工作。

二是考核项目越来越细化。过去考核只有一、二级指标，现在发展到了四、五级指标。当考核指标是一、二级指标时，考核项目的表述是笼统的，地方政府的相关工作只要有一两个闪光点，整项工作就可以得满分，这叫"一俊遮百丑""一好百好"。当考核指标到四、五级时，每项指标就变得十分具体，地方政府就不能再偷懒取巧只凸显闪光点了，而要每项都做好，否则在对标对表考核中就会失分，一项失分就可能影响全局。这叫"一糟百糟"。

考核指标的细化限制了地方政府的自主发挥空间，使得地方政府需要对每项工作平均用力。这必然会稀释本来就稀缺的领导注意力和行政资源，导致地方政府左支右绌，只可能变成认真应付，也就是形式主义。

三是由于被考核的工作越来越多，考核项目越分越细，赋分的空间就很小，每一项指标所占的权重就相差不大，比如最小权重的指标项只有0.5分，最大分值指标项也不过2分。赋分没有了区分度，意味着每项工作的重要程度都差不多。这样，就使得在一个指标项上的失分不能在其他项目上找补，进而使得地方政府要尽量在每一个项目上都不失分，甚至拿满分。如此一来，地方政府在每个项目就都要投入大量的时间、精力、物质等，这些都是真金白银。

过去，考核项目少，赋分的空间就很大，能够用分值来区分工作的重要程度，真正重要的工作赋分较高，比如10分、20分，而不那么重要但必须纳入考核的工作就赋较小的分值，比如2分、3分。这样不同项目之间分值的差距就可以很大，即便在不那么重要的工作上丢了一两分，也可以在重要工作上找补回来。地方政府对待上级部门工作的灵活性就比较大，可以对工作进行轻重缓急划分：分值高的重要工作投入更多资源，分值少的不那么重要的工作做得差不多就行，或应付过去就行；或者，跟本地治理联系更紧密的部门工作就花更多时间精力去做，与本地治理联系不那么紧密的部门工作，就不投入那么多资源。

无论是评分，还是当前地方实践中普遍出现的用军事术语包装出来的排名方式，如比武、观摩、打擂台、拉练，都将地方政府卷入对考核分数的争夺中，而几乎每一分都要花费真金白银才能挣得。所有地方政府都不愿在排名中靠后，就都要分毫必争，结果就是第一名与第二名可能只差零点零几分，与最后一名也只有几分之差。为了不排最后，地方政府就会对上级考核中哪怕最不合理的、最不符合地方实际的要求，也要认认真真完成，而这些工作对于改善地方治理几乎没有作用。

尤其是，一旦地方政府的一项工作考评时排到倒数第一，被上级领导小组组长约谈，地方政府就必须要高度重视这项工作，集中有限的行政财政资源完成工作。最后一名要努力，倒数第二名也必须要努力，其他各个地方政府都要努力，也就要仔细研究上级部门的考核要求，也就要分毫必争，结果造成了地方政府为考核而高度内卷。

在河南农村调研时，有一个乡镇领导说，任何一项中心工作都绝对不能有第二次约谈。为了不被第二次约谈，面对上级任务压力，就只能不惜代价、不计成本、不顾实际地去完成。当地方和基层治理资源有限，在上级部门安排下来的几乎无限的任务压力下面，地方政府可以做的只能是调配所有资源应对上级要求，甚至不得不通过透支来完成任务。至于上级任务是否合理，是否符合地方实际，这已不重要了，也没有渠道向上级反映情况。在上级部门工作中心化的情况下面，地方政府也丧失了与上级部门协商对话的空间。结果就是地方政府工作高度内卷，却将地方几乎所有财政行政资源都用于完成上级安排的任务，而没有时间和资源去了解地方实际情况，满足地方农民的诉求。地方治理和基层治理因此出现了"悬浮型内卷"。

到了乡、村两级，因为乡村治理资源更加有限，在大量上级部门中心工作压力下面，乡、村两级就完全丧失了治理的主体性、自主性和灵活性，基层政权悬浮于社会之上。

进一步的问题是，乡、村两级治理资源最少，而上级部门几乎所有工作都要到乡镇落地。乡镇为了完成上级任务，不被"上面千把刀"砍，就只能竭尽全力完成上级任务。竭尽全力有两个表现：一是乡镇会将乡村所有干部的力量调动起来以完成上级任务，其表现就是乡村干部都很忙；二是想方设法通过透支来完成上级部门安排的任务。所谓透支，包括将之前已经严格规范的制度予以软化变通，鼓励垫资、借贷搞建设，默许村干部借完成上级任务来承揽工程，过去严格的招标制度变成了先建工程再补手续，等等。所有这些为完成上级任务而进行的透支，都会在极短时间将基层治理推到绝境，其情形正如取消农业税前一样。

与取消农业税前"三农"问题在短期内恶化所不同的是：取消农业税前，国家要从农村汲取资源，尤其是中西部农业型地区的地方政府要靠向农民收取税费来保运转；当前时期，国家不仅不向农村收取税费，而且大量向农村转移资源，即使是向地方和基层布置的中心工作任务，绝大多数也都是要为改善民生，为农民提供与城市均等基本公共品服务的。

相同点则是：取消农业税前，地方政府要求乡村必须要无条件完成税费任务，为完成税费任务。乡村各方结成利益共同体，乡镇容许狠人当村干部，竭泽而渔。结果，虽然短期内完成了税费任务，长期的基层治理不可持续，"三农"陷入危机。当前时期，表面上各个部门是要改善民生，建设农村，保证国家下乡资源安全，实际上在上级各个部门一票否决的压力下面，地方政府和基层干部只能不计代价、不惜成本、不顾实际地完成上级任务。结果，基层治理资源很快耗竭，基层干部掀桌子不干，基层治理陷入困境。

七、分配型动员

在国家向农村大规模转移资源的新型国家与农民关系中，如何建设有效的基层治理，是当前时期基层治理所面临的重大实践难题和理论挑战。

在向农村汲取资源的背景下面，农村公共品供给就只可能主要依靠村庄内部的筹资筹劳，通过内生方式供给公共品。村庄内生供给公共品，最大好处是因为要村民自己出钱，村庄公共品建设就必须反映出村民对公共品需求的偏好，且村庄公共品建设必须要用最低成本最适合当地实际的方式进行建设。不足是村民达成共同需求偏好比较难，公共品供给就只可能是较低水平的，一般不会有高水平公共品供给。

国家向农村输入资源建设村庄公共品，不需要村民出钱，村民对转移进来的国家资源的态度当然是多多益善。大量国家资源的投入却并未让村民群众珍惜，甚至有村民当起了借机索要超额利益的钉子户。很显然，村民群众的内在积极性没有激发出来，就不可能建设出美好的农村生活。在国家向农村输入资源的情况下面，理想的状况应当是，国家向农村投入有限资源，激发村民群众建设自己美好幸福生活的积极性，村民群众组织起来，一起建设自己的美好幸福生活。

2002年我提出有两种类型的村庄民主，一种叫作动员型民主，一种叫作分配型民主。所谓动员型民主，即通过民主讨论和民主协商，村庄集体成员出钱出力举办共同的公共事业，便利村民生产生活。这也许正是村民自治的本质。所谓分配型民主，即村集体有资源，资源如何使用，必须要经过一个民主的程序，因为只有经过了民主程序，村集体资源使用才具有合法性。动员型民主强调"多数服从少数"，即只要有少数人不同意，变成钉子户，这样的民主就无法达到动员效果。分配型民主则强调"少数服从多数"，因为只要多数同意了，使用集体资源就是合法合规的，少数人反对也没有用。[1]

也在2002年，我设计了一个"民主化供给村庄公共品"的社会实验，在湖北沙洋县五个村庄进行试点。具体办法是，每年给每个村4万元资金支持。这个资金只能用于公共事业，且必须要经过民主程序。具体地，由村民代表会议讨论决定建什么公共事业，怎么建，谁来建，并由村民代表会议推荐产生一个七人的项目建设委员会，委员会主任、副主任都不得是村干部。当时预期试点时间为五年，遗憾的是仅仅两年后就因为缺乏经费而中断试点了。

不过，两年试点效果也特别好。2002年正是农村公共品最为短缺的时期，五个村民代表会议讨论都极为热烈，甚至有的村因意见分歧太大，有代表摔门而去、会议中断然后再开的情况。第一年五个村都一致选择修建小水利，有的村小水利工程当年就为农民减少农业损失超过10万元，部分当年修建的小水利现在仍在使用。第二年有两个村仍然修建了小水利，有三个村修建了老年人活动中心。当时我承诺，修老年活动中心的三个村成立的老年人协会只要存在一天，我就个人资助一天。沙洋三个老年人协会，再加上2002年我

[1] 贺雪峰、何包钢：《民主化村级治理的两种类型——村集体经济状况对村民自治的影响》，《中国农村观察》2002年第6期。

在湖北洪湖发起成立的一个老年人协会，共四个老年人协会，我每年给每个老年人协会1万元活动经费至今。按一个村有300名60岁以上老年人计算，平均到每个老年人的活动经费只有30多元，平均到每天大概只有0.1元。这每村1万元经费却极大地调动了村庄老年人办好老年人协会的积极性，四个村老年人协会至今运转良好。

仅仅用很少的外来资源就撬动了村民建设自己美好幸福生活的内在动力，这与当前国家每年投入村庄上百万元资金却出现村民争当钉子户索利，形成鲜明对比。

为什么会出现这种差异？核心是，当前国家资源输入村庄，国家资源是外来的，免费的，与村民无关的，是由乡村干部争资跑项得来的，国家资源落地的建设也是由外来施工队进行的。最关键的是，国家资源进入村庄并不是由村民决策，也不由村民验收，当然也不用村民配套出钱出力，村民所面对的就是一个自己掌控不了的外来庞然大物。在与这个外来庞然大物的接触中有的村民发现还可以索要利益，于是大家开始效仿。

而在我以上实验中，资源虽然是外来的，如何使用资源村民却有决定权。村民通过民主协商形成了关于如何使用资源才可以做到集体福利最大化的共识，资源使用反映了农民的公共品需求偏好，且最高效地使用资源建设了公共品。

因此，外来资源进入村庄必须要与村民决策权结合起来。村民只有认为这是自己的钱，才会想方设法将钱用到最该用的地方去，以及最节约高效地用钱。

2008年成都市借建城乡统筹实验区的机会，在村庄一级设立"村庄公共服务资金"的做法，是一个特别重要的尝试。具体地，成都市按村庄规模等条件，为每个行政村每年配套30万—50万元用于村庄公共服务事业的建设经费。建设经费用在哪里，如何用，必须经由村民议事会充分讨论决定。"村庄公共服务资金"瞬间激活了村庄民主，村庄基础设施和公共服务在很短时间内即大为改善。遗憾的是，既然是由村民议事会讨论决定，有一些强势村支书就可能将工程给关系户承包，甚至收了关系户的好处。纪委一查处，发现财政资金竟然没有严格按制度使用，审计也通不过，"村庄公共服务资金"项目因此改为"社会治理资金"，规定资金只能用于购买服务。之前村民议事会决定如何使用资金，现在资金的使用也要经过村民议事会的通过，只不过这个讨论通过相当于补一个审计手续，再也无法撬动村民通过村民议事会来参加村庄公共事业的建设了。

2022年湖北开始进行"共同缔造"试点。所谓共同缔造，就是由政府、社会组织和居民群众共同建设美好幸福宜居生活，其中关键是，建设美好幸福生活的主体是居民群众，政府和社会组织只是支持者。目前湖北省"共同缔造"试点仍在进行中，希望湖北省能探索出一条通过国家资源注入来激活人民群众当家做主精神的路子。

通过向农村输入资源，从而激活村民建设自己美好幸福生活的主体性、主动性，让村民群众起来建设自己的幸福美好生活，我称之为"分配性动员"，即通过国家向村庄注入资源，将村民动员起来、组织起来，使村民成为自己生活的主体。

那么，如何才能实现"分配型动员"呢？

我们可以将国家向农村输入的资源分成两类。一类是标准化的基础公共品，其特征一是标准化，二是基础性。因其标准化，就可以在全国农村用相同的程序、标准和规范进行供给；因其基础性，国家是有义务提供的，以实现城乡均等的基本公共服务。无疑，这类标准化程度高的基础公共品，由国家通过相关部门以项目制形式供给就好。第二类是非标准的公共品。因为非标准，在中国农村地域辽阔、不同地区情况复杂的国情农情下，由国家统一供给就很可能造成公共品建设的错配与低效。

如果将国家向农村转移的一部分资源，不是通过公共品的形式，而是按农村人均定额公共品建设资源补贴的形式，发到村社集体，再由村社集体讨论应当建设什么公共品和如何建设公共品，比如精准扶贫，农村人居环境整治，就没有必要由国家部委来安排，而应当由村民群众自己组织起来搞建设。

当村集体有利益时，村民就可以动员起来针对利益分配进行讨论，形成村庄政治。村庄内的政治动员不仅可能形成防止村干部贪污的力量，而且可以抑制争夺公共利益的钉子户，达至农村社会的善治。在这个意义上，唯有真正动员起人民群众，让人民群众认识到自己的利益并为之奋斗，人民群众才能组织起来形成力量，我们才能最终有效地维护基层治理的秩序。动员人民群众的前提则是一个强有力的村社集体。

需要真正赋予村社集体实际的权力，让村社集体可以将集体利益与农民个人利益密切联系起来。既让村集体具有权力，又防止村干部滥用权力，才可能真正在村社内部找到解决与群众利益息息相关问题的办法，以及对付完全不顾公益行为的钉子户的力量。

按每个村民一年补贴500元，一个村庄有1000个村民，一年就可以补50万元。这50万元如何用，国家只需要规定三条：第一，必须用于公共事业；第二，必须通过充分民主讨论决策；第三，资源使用过程与村民群众动员过程同步。因为这些补贴已经量化到每个村民，也就是村民自己的钱，如何使用，村民就有发言权，他们也一定会想方设法让这样一笔公共资金发挥最大的作用。一旦村民群众在使用公共资金过程中组织起来，他们就可以将组织起来的能力用于讨论村庄公共事业，形成公共舆论，解决只有本村村民才知道的细小琐碎的公共事务。当前中西部农村，农民进城带来了农村的老人农业和养老问题。如果村民群众组织起来了，他们就一定可以找到办法来形成适老化的农业技术，找到在熟人社会互助养老的途径。

总之，只要村民群众组织起来了，又有国家向农村的资源输入，影响村民群众美好幸福生活的那些细小琐碎的事务，村民群众就一定可以自己解决，并且一定是用最低成本且最适合当地情况的办法来解决。

八、基层治理现代化2.0版

基层治理体系与治理能力现代化是国家治理体系与治理能力现代化的基石，同时，因为直接面对面接触人民群众，基层治理体系与治理能力现代化又相当不同。

传统时期，农业剩余有限，靠农业剩余无法建立正规的基层行政体系，甚至有皇权不下县之说。新中国成立之前，农村基层治理主要靠非正规力量。新中国成立之后，一直到现在，全国村级组织的干部仍然不是正式的国家干部，而是拿误工补贴的不脱产的农民。村一级是中国最基层的行政建制，乡镇一级才是基层政权。

2006年取消农业税前，村干部误工补贴来自向农民收取的"三提五统"；取消农业税后，国家为村一级提供每个村几万元的办公经费，为村干部提供每年几千元的误工补贴。村干部主要收入来自于家庭农业经营。

在取消农业税前，农民进城务工经商还不普遍，农户家庭主要收入来自于家庭农业经营收入。村干部家庭不仅有农业收入，还有当村干部的误工补贴，甚至还有协税所获提成奖励，村干部家庭收入因此要高于一般农户。

取消农业税前后，中国城市化加速，大量农村青壮年进城务工经商。青壮年进城务工经商的同时，家庭承包地仍然由留守老年人耕种，一般农户因此就既有承包土地的农业收入，又有进城务工收入。村干部无法进城务工，因此就只有农业收入和误工补贴。误工补贴一年只有几千元，进城务工收入一个月就可能有几千元，从而在农村出现了村干部家庭收入远低于外出务工一般农户家庭收入的现象，村干部逐步成为村庄说不起话办不成事的弱势群体。

村干部这个群体因此变得微妙。当村干部外出务工肯定是不行的，仅靠家庭承包地的经营收入也是远远不够的。村干部因此就必须在农村找到就地增加收入的办法，基本途径有二：一是扩大土地经营规模，形成适度规模经营，增加农业收入；二是提供农业社会化服务，比如提供农机服务、代销农资等。村干部中农化了，或只有中农才能当得了村干部。

2015年农村开始精准扶贫，村干部工作任务大幅度增加，村级组织也开始规范化建设，村干部越来越脱产为专职干部，难以再兼顾之前的农村收入机会。

村干部专职化、脱产化，就必然要提高村干部工资。2015年前后，湖北省出台政策，村支书按乡镇副镇长工资水平发放补贴，之前村支书一年补贴不到1万元，一下子增加到3万多元，村支书有了脱产的积极性。再过几年，村支书以外的村干部补贴也提高了。

随着越来越多国家资源下乡，各个部门的工作要求、规范、标准、程序以及任务也下到乡镇和村，同时，国家借为农村提供城乡均等基本公共服务，加强村部阵地建设，几乎所有行政村都建了坐班制的党群服务中心，为村民群众提供坐堂服务。

到2020年前全国行政村一级因此同时发生或完成了三个变化：村干部的脱产化、职业化、工资化；村部党群中心坐堂服务的正规化；村干部主要工作是完成上级安排任务，接受上级考评，村务行政化了。之前一直不脱产的村干部变成了正式干部，高度灵活的村级组织也固定下来了。最重要的是，之前主要做群众工作的村务工作变成了主要完成上级安排任务。在上级各个部门中心工作和严格考评排名的压力下面，村干部想方设法完成上级任务，因此忙乱不堪。压力太大，村干部就辞职走人。

如果我们将当前村级组织正规化、村干部脱产化和村务工作行政化，村部建设和党群服务中心建设，以及村务管理规范化看作基层治理现代化的表现的话，我们的确也可以说，无论是从外观上还是从实质上，当前农村村级治理与过去一直以来的非正式的治理形态相比发生了巨大变化。如果这个变化也可以看作基层组织的现代化，那么这个基层治理的现代化就只是1.0版。

以农村村级组织正规化为典型表现的基层治理现代化1.0版目前面临的一个严重问题是，上级多中心工作与考核排名，使得村干部不得不将几乎所有精力与治理资源用于完成上级任务，而这些上级任务大多与基层治理没有关系。在沿海地区一个乡镇调研，全镇有46条线对村一级布置任务，并进行考核排名。村干部耗尽所有资源来完成上级任务，也因此不再有时间、资源和能力回应本村农民的诉求。只是沿海地区农村，集体经济比较发达，村一级仍然有资源来应对上级要求，基层治理仍然未被击穿。中西部地区现在已普遍出现了村级治理的困境，包括村干部辞职、村级债务严重、群众不相信干部等问题。

也就是说，基层治理现代化1.0版目前出现了不适应症，核心是基层治理脱离了村民群众，无法做到因地制宜，实事求是。当前基层治理工作重点应当在做群众工作，通过了解村民群众情况，回应村民群众诉求，动员群众，组织群众，发现群众中的积极分子，引领群众自己建设自己的幸福美好生活；在于通过民主自治，让村民充分有序表达需求偏好，从而将国家输入的有限公共资源转化为村民最需要且效用最大的公共服务。这样的基层治理现代化就可以称为2.0版。

我在《论农村基层治理现代化2.0版》中提出，中西部地区基层治理现代化2.0版建设可以分为四个步骤，分别是化简、强体、增能及重点突破。

所谓化简，就是将当前附着在基层治理上的大量繁杂任务删繁就简，大幅降低基层治理的任务与要求，将农村基层干部从各种形式主义和不切实际以及并不重要的任务中解放出来，也将基层治理从高度内卷与空转中解放出来。

所谓强体，就是增强村民主体性，即通过分配型动员，让村民真正关心村级治理，有充分的偏好表达权，以及真正参与到村级治理事务中来。国家向农村输入资源的首要目标就应当是激发农民主体性。

所谓增能，即一旦村民通过村庄公共品建设充分地参与到村级治理中来，并具有了主体性，就可以通过持续不断的努力，让村民主体性与村庄公共资源使用形成良性循环，在村干部与村民之间形成信任与默契，就逐步动员和发现村庄中的积极分子，最终就可以积累强大的村庄动员能力、组织能力。增能的核心是村庄差异性公共品供给的成功实践。每一次成功实践都是对村民的一次正向激励，从而增加村民主体性能量。

重点突破，即当村级治理增能到一定程度后，可以在当前中西部农村最主要的两个方面进行突破：一是小农种田的问题，二是互助养老的问题。应当说，没有村庄内部的高度动员，这两个领域的重点突破都是困难的。

一个村庄以及一些村庄在这两项工作上依靠村庄内部动员而形成突破，就可以为其他村庄治理带来示范与激励，从而在更多地方获得突破。若全国大多数中西部地区村庄都可以获得以上两项重点突破，则中西部农村的治理与秩序就真正可以为农民中的弱势群体提供巨大福利。特别重要的是，这是由农民自己动员起来建设的自己的福利，所以他们一定会珍惜，也一定会低成本、可持续。

一旦可以在农业和养老事业取得重点突破，中西部农村的基层治理现代化2.0版就可以说建成了。

第四篇

农民的生计与意义世界

一、农民价值观的三个层面

进入21世纪，中国乡村发生了三个层次的巨变，第一个层次的巨变是国家与农民关系的巨变，典型是2006年取消了农业税。第二个层次的巨变是村庄社会结构的巨变，"南北中国"正在转变为"东西中国"。第三个层次的巨变是农民对人生意义的定义，或关于活法的定义，正在发生巨变。人的生命是有限的，如何将有限的生命投入到无限的事业中，对于每个人的当下都是极为重要的。对于知识分子来说，"立德、立功、立言"是所谓的"三不朽"。对于农民来讲，传宗接代是农民获得无限性的文化本能。无限性就是超越性，没有超越性，就无法立命，不立命，就难以安身。进入21世纪后，中国农民对活法的定义也在改变。本章就讨论这个改变基础上的农民家庭与养老问题。

经过几千年浸润，儒家文化已植入中国农民身体之内，变成了中国农民精神世界的重要组成部分，或中国农民成为中国儒家文化活的载体。这个载体一个十分重要的方面就是农民关于人生任务的定义，以及他们为完成人生任务而进行的可谓"惊天地、泣鬼神"的努力。

2005年在江西安远调研时，一个村支书讲到本村一个中年农民。这个农民还年轻时，生育三个女儿，仍然想生儿子，被上级计生部门强制结扎。这个农民从此性情大变，过去的阳刚气全都没有了，不再参加集体活动，不再也不敢与他人对视，整个人的精神都萎靡垮塌，可谓一蹶不振。不能生儿子，无法传宗接代，上对不起祖宗，下没有后人，活着就没有意义，干活就缺少精神支柱。

在农村调研，会遇到两种类型的光棍。一种类型的光棍是，娶妻无望就彻底躺平，不再奋斗，因为奋斗了也没有希望。不再奋斗，就不会通过辛勤劳动来赚钱攒钱，也不愿将住的地方打扫干净，生活也没有规律。结果就是，身体很快就垮了，年纪轻轻就等着进福利院。这类光棍是因为心理上觉得无望，社会上不再参与人情往来，生产上也很敷衍，外出打工一天吃一个月，生活上将就应付，很快身体也就垮了。

另外一种光棍虽然没有娶妻成家，但仍然参与村庄人情往来，积极参加生产，外出务工赚钱，家里也打扫得干净。这种类型的光棍虽然没有娶妻，却仍然过着正常人的生活。尤其重要的是，一旦光棍并不放弃生活，仍然积极肯干，肯定还存了不少钱，身体又健康，年龄其实也不大（30—40岁），这样的光棍就很可能在外出务工时找到心上人，或很可能还可以娶一个二婚妇女，过上正常的家庭生活。

身处流动社会，一个没有结婚成了光棍的年轻人仍然可能通过自己努力，最后找到哪怕是二婚的妻子。他们有了希望，就会继续努力。努力到一定阶段，即使最后还是打光棍，他们却因为一直努力而形成了好的生活习惯，过上了正常生活。

无疑，人是讲意义的动物，而不只是靠生物本能行动。2006年我提出农民价值的三层分析，认为当前时期可以从三个层面来讨论农民价值观，从而对农民行动的意义系统进行分析。我提出农民三个层面的价值分别是本体性价值、社会性价值、基础性价值。本体性价值就是超越性的价值，比如传宗接代；社会性价值就是在人与人面对面交往中形成的价值，如面子、荣誉感、社会评价等；基础性价值即使生命得以延续的物质需求。

一个人如果有了稳固的本体性价值，就可以忍辱负重，甚至舍生取义，生活中就有了远大目标，就可以用所有努力来为远大目标而奋斗。

生活在村庄熟人社会，就一定可以感受到村庄规范的约束力，就要参加村庄人情往来，就会在乎他人评价，面子就很重要。一个不关心他人评价，不在乎面子的人，必定是村庄中的边缘人。如果村庄很多人都不在乎他人评价，甚至利用办红白事来敛财，村庄基本社会规范就会受到冲击，社会秩序就面临解体危机。

基础性价值也可以说是温饱问题，经济收入，生产与工作境遇。仓廪实而知礼节，经济收入对农民行为具有重要影响。当前中国农村，仓廪实应当没有大的问题，不仅普遍解决了温饱问题，而且农村娶媳妇普遍要在城市买房买车，还要出彩礼，都是大大地超出了温饱水平。

当前农村价值巨变的核心是之前传宗接代的价值观在发生变化，传宗接代的正当性正在弱化，以传宗接代为基础的对于人生任务的规定也在变化。尤其在当前农村快速城市化背景下面，子女可能借父母完成人生任务，向父母索要利益，形成实际上的"代际剥削"。父代完成人生任务难度加大，并最终会反过来影响对人生任务的定义。

本体性价值的弱化让社会性价值失去了基础，社会性价值就会出现无序竞争。无序竞争很快就会崩塌，村庄熟人社会发生变异。为了保持社会性价值，就要对无序竞争进行抑制，也就是说要进行文化建设。

从村庄层面来看农民三层价值，就分别是：要解决温饱问题，要提高收入，要老有所养；要彼此尊重、欣赏，人与人之间关系友好，彼此成为价值来源；要找到超越性价值，要完成人生任务，要能安身立命。

从实际上看，当前农民价值观的三个层面都出现了一定问题，包括但不限于：子女利用父母完成人生任务的自觉来实现对父代经济上的剥削；父代到了老年却缺少养老资源，其中一个原因是子女进城而不在农村；城市化和市场化的现实，加上受人生任务驱使而被剥削、养老却陷入困难的父代处境，使子代从对孙代负责的人生任务中解放出来，本体性价值动摇；一旦本体性价值动摇，社会性价值就缺少根基，人们变得功利；缺少了本体性价值的内驱力、超越性，又缺少社会规范约束，个人就无法安身立命，就不能忍辱负重，更不再可能舍生取义。

二、半工半耕

　　要理解农民家庭，首先要理解农民生产方式及组织生产方式的改变。分田到户以前，农村人民公社集体生产，共同劳动，共同分配。农户作为分配单位，年终与集体算平衡账，有家庭超支，一年下来倒欠集体的钱，还有家庭有分配，却不一定可以拿到钱。集体按家庭分配，家长就很重要，一个家庭只有一个家长，也是一个会计单位。又因为都住在村庄，农户真正做到了同居共财，各尽所能，按需分配。

　　分田到户后农户再次获得完整的生产经营权，农户生产积极性被调动起来。遗憾的是，农户有积极性，可以分配的承包地有限，农户收入增加也就有限。自主经营，全家进行生产，在生产各个环节都投入劳动，到秋收将粮食收上来就是收成，收成减去投入就是利润。与生产队不同，家庭作为共产主义单位，成员不需要记工，也不按工付酬。家长根据家庭需要安排支出。

　　分田到户以后，农户生产积极性高涨，之前农业中的剩余劳动力就剩余出来。国家又允许农村兴办乡镇企业，农户剩余劳动力就进厂不进城、离土不离乡，从本地二、三产业中获取收入。不离土不离乡，农户仍然是一个共同的会计单位，因为乡镇企业的工资收入是公开的，大家也都知道。

　　到了20世纪90年代，中国城市化加速，同时乡镇企业关停，农民家庭年轻人进城务工经商，进城务工经商潮流一直持续到了现在。农村几乎所有青壮年农民都已进城务工经商，甚至在城市买房安居扎根城市了。

农民家庭年轻人进城，并不因此就放弃农业收入。普遍情况下面，农民家庭老年父母留守农村耕种自家承包地，农业收入并没有减少。年轻人进城务工，务工收入成为农户增加的净收入。年轻人刚进城，城市灯红酒绿，消费比较高，容易成为"月光族"，不过，因为有农村的农业收入，农民家庭就可以容忍年轻子女进城的浪漫与浪费。很快，进城年轻人面临婚姻压力，开始懂得节俭，就更多存钱。到了今天，全国农民家庭收入中工资收入早就高于农业经营收入了。

从20世纪90年代农民大规模进城开始，中国农民家庭就普遍形成了"以代际分工为基础的半工半耕家计模式"。这样一种家计模式延续至今，已进入到第二代的半工半耕结构，即最早一批进城的年轻子女有一部分沉淀到了城市，大部分年龄大了就回到农村，他们的子女成长起来又进城去了。

"半工半耕家计模式"的好处是，农民进城并非全家进城，而是年轻人首先进城。年轻人进城获得务工收入，年老的父母却并没有放弃农业收入。一个农户通过两代人同时获得农业收入和务工收入，又以农村为家庭再生产基地，这个基地生活成本低，又很安全，就为进城务工年轻人提供了巨大支撑。务工收入加务农收入，收入增加了，以农村为家庭生产基地，消费又不高，农户经济状况就还不错。正是这样一种以半工半耕为基础的不拔根的城市化，使农村成为中国现代化的社会稳定器，以及中国现代化的劳动力蓄水池。这也是理解中国制造天下无敌的重要视角：中国制造的廉价优质劳动力与农民半工半耕家计模式或劳动力再生产方式有密切关系。

自20世纪90年代开始的大规模农民进城，对农村的影响有两个不同的阶段：第一个阶段是刚开始农民进城，只是因为农村土地有限，有了大量剩余劳动力，剩余劳动力进城寻找各种获利机会。农村剩余劳动力进城去了，农业收入并没有减少。进城劳动力从城市获得的务工经商收入源源不断带回农村，农民因此比过去更加富裕，过去的房子被推倒重建，农村人情份子钱送得比过去多，红白事酒席办得比过去排场，春节农民工返乡，打麻将也比过去下注更高。总之，农村年轻人进城去了，从外面带回来资源，农村比过去更加繁荣。

经过十年甚至更长时间的进城务工，到了2010年前后，进城农民发现他们其实也是可以在城市安居而不一定非得再回农村。在省会城市买不起房子，在县城也买不起房子？农村年轻人性别比失衡，男同胞找到媳妇不容易，女同胞因此提出要求，除非在县城买了房子，否则就不嫁。地方政府也希望通过卖房来增加土地财政收入，繁荣县城经济。几方面默契的结果就是越来越多进城农民开始谋划在城市安居，既然准备在城市安居，再回农村建房就变得浪费。

农民家庭要在城市买房安居当然也不容易，仅靠年轻子女城市务工收入是不够的，因此，以代际分工为基础的半工半耕家计模式就变成将家庭主要积蓄用来在县城买房还房贷。过去年轻子女进城，通过半工半耕将城市务工收入输入到了农村，农村显得更加繁荣。到2010年前后，农户家庭积蓄被城市吸取，农村变得衰落且萧条起来。

越来越多农户在城市买房安居，他们完全从农村退出来，也让渡出他们之前在农村的获利机会。这个过程正在进展中，到2050年乡村全面振兴之日，绝大多数农户就已经进城了，他们让渡出来的农村获利机会足以让留守农村的农民靠农业和农村收入致富。

不过，当前时期，半工半耕仍然普遍且重要。当前全国农村土地仍然有2/3是由农户自种，也就是仍然由留守老年父母种地。即使农民家庭进城了，他们往往还需要农村收入的滋养，或者他们进城并不稳定，还有可能要返回农村。同时，农民家庭进城，城市空间有限，收入有限，老年父母进城与子女在一个屋檐下生活就容易起矛盾。几乎所有进城与子女共同生活的老年父母，都会有在子女家生活不自由的强烈感受。因此，即使农民家庭有了在城市安居的条件，身体健康的老年父母也往往愿意回到农村生活。

回顾农民进城以来形成的以代际分工为基础的半工半耕家计模式，大概30年时间发生了三个大的变化：第一是从农村是农民家庭主要收入来源地到务工收入远超农业收入；第二是从农民进城让农村更加繁荣，到农民进城了农村也变得萧条；第三是过去农业是农民家庭主业，只有农业剩余劳动力才进城去，变成现在农业只是农民家庭副业，更多由缺少城市就业机会的弱势农民来从事。农业和农村越来越从主战场变成了辅助战场，越来越在生产属性中被赋予了社会保障的属性。

从农民家庭来讲，在农民家庭年轻子女进城前，家庭收入是公开的、透明的，家庭统收统支。年轻人进城务工，工资收入多少也就不那么透明了，年轻人有越来越多对自己工资的支配权。刚开始进城年轻人将工资收入返回农村家庭，很快，年轻人开始尝试在城市立足，他们成为独立的财务单位，反过来向父母寻求支持。过去以代际分工为基础的半工半耕的农民家庭是以农村作为基地的，现在则更多以城市为基地，农村留守老年父母则只是补充。

半工半耕对于农民家庭的重要性在于，正是借助半工半耕，农民家庭可以通过家庭代际分工来最大限度获得利益，提高家庭生活水平，并完成接力式的进城。农民家庭中，年轻人进城务工经商也会发生分化，有年轻人进城务工经商很成功，他们很快就在城市获得了稳定的就业机会与收入，有能力在城市安居，他们就全家进城了。随着城市化的不断推进，有越来越多进城农民在城市务工经商不那么顺利，他们难以在城市安居，就可以返回农村，而不至于在城市漂泊流浪。

从一定意义上讲，正是农民进城失败可以返回农村，城市就没有贫民窟。一旦出现经济周期，或者其他危机，城市无法就业，进城农民就可以顺着半工半耕的路线返回农村。对于返回农村家中的年轻人来讲，不就是吃饭时桌子上多摆一双筷子的事情吗？这正是农村成为中国现代化稳定器的内在机制。

未来很长一个时期，中国农村仍然会存在相当普遍的以代际分工为基础的半工半耕家计模式，这也是应对中国现代化进程中可能出现惊涛骇浪的重要基础。当前时期的半工半耕家计模式中，农业收入只是补充性的，却特别重要，因为这个补充性的收入主要是给了缺少城市就业机会的以及不愿待在城市的农村老年人。农业和农村为城市化进程中留守农村的老年人提供收入、就业和意义的机会，就给了进城农民以最大的安全感，无论是对于进城可能失败的农民家庭，还是只有部分家庭人口进城还有部分家庭人口留村的农民家庭。

三、中农与"负担不重的人"

传统时期，农户主要收入都来自土地和村庄，村庄是相对封闭的，因此，农户往往具有很强的同居共财的特征。进入21世纪以来，农村几乎所有青壮年劳动力都进城务工经商，其中越来越多进城农民在城市买房安居了，他们的父母却仍然留守农村，普遍形成了以代际分工为基础的半工半耕家计模式。农户出现了分离，既不再共同居住，也有了相对分离的财产安排或有了不止一个财务单位。

近年来，中西部地区越来越多农民家庭在县城买房，却无法在县城找到合适的就业机会。在县城买房农户的年轻人就必须要到沿海地区务工，以获得可以在城市消费的收入，年老父母则仍然留守农村获得农业收入。农村消费也比较低，正在上学阶段的儿童则在县城享受较高质量的义务教育，由奶奶或妈妈陪读。

与半工半耕不同，农村有一类比较特别的农户，他们年轻力壮却不愿或不能离开村庄进城。不愿的原因如，不喜欢受到工厂生产线的约束而喜欢自由散漫自己安排时间的生活，或者性格内向不喜欢城市的纷扰；不能的原因如，父母太老需要照料，或子女太小需要抚育。不愿或不能进城的青壮年夫妻，他们要能在农村生活下来，就必须要找到农村当地的获利机会，成为中农。他们主要的获利机会无非两种：一种是扩大土地经营规模，即将那些进城农户的承包地流转过来耕种；一种是提供服务，包括农机服务、农资服务等等。

农村土地资源有限，在农村提供服务中获取收入的机会也不多，因此，一个特定的农村地区，成为中农的机会是有限的，总是那些最愿意成为中农、最有条件成为中农以及最能处理好与村庄其他农民关系的青壮年夫妻才有可能成为中农。在主要从事粮食作物生产的农业型地区，能够成为中农的农户不会超过10%。如果有其他农村获利机会，比如有养殖鱼塘，可以种经济作物，具有旅游资源，等等，都可以提高中农户的占比。

中农有两个重要特点：一是他们年轻力壮，留守农村，家庭生活完整，社会关系广泛，是留在农村的真正的本地精英；二是他们从农村获得的收入不低于外出务工收入。如果没有第二点，他们就不能算作中农；如果没有第一点，中农就只是农村普通的一分子。

以上两个特点就使得中农成为村庄社会的中坚力量，这就是我们又称中农为"中坚农民"的原因。中农往往是村干部最佳人选，是最有能力代表村庄利益表达村庄公共利益偏好的，既是农业新技术最重要的推广者，又是农业社会化服务最主要的提供者。

中农与村干部之间有着有趣的关系。村干部仅靠误工补贴就难以养家，他们又不可能离开村庄进城，就天然希望通过扩大农业规模经营或提供农业社会化服务来弥补当村干部报酬之不足，这就是村干部的中农化。同时，中农年轻力壮，社会关系广泛，如果当上村干部，就不仅有作为村干部的报酬，而且可以借当村干部扩展关系，获得更多在农村的获利机会，就是说中农天然适合当村干部。中农为村干部提供了最佳后备人选，村干部为中农提供了更加广阔的舞台。

中农是当前农民城市化，农村空心化、老龄化背景下农村最为重要的资源，一定要珍惜中农户，保护中农户。中农户往往也比较脆弱，尤其在资本下乡的背景下面，资本仅仅通过提高土地流转租金，就可以让中农户不再租得起其他农户土地，也就破产了。中农的矛盾在于：一方面他们希望提高农业社会化服务水平，使得田更好种；一方面他们又担心田太好种了，农户就不将土地流转给他们了。

相对于资本种田，中农户很大的一个优势就是自己种田，而不是雇工种田。资本雇工种田会产生两个问题：一是利润导向，结果就是规模经营都比较粗放，粮食单产普遍较低；二是雇工工资比较高，农业经营成本很高。一般情况下，中农农业比资本农业有更高单产且更有效率。尽管如此，在地方政府政策推动下，资本虽然竞争不过中农，却有足够能力将中农搞破产：土地租金涨上来了，中农再通过适度规模经营以在农村获得不低于进城务工的收入就很困难了。

村庄有不少中农实际上年龄已经比较大了。在农业机械化条件下，一对60岁夫妻种100亩田是不难的，且也很普遍。不过，农村大部分低龄老年人都主要是种自家承包地，并利用农闲时间到附近工地打零工。

实际上，除中农以外，当前村庄还有一个十分重要的群体，就是以低龄老年人为主的所谓"负担不重的人"。"负担不重"是指家庭负担不重。过去家中上有老下有小，中青年夫妻必须要想方设法挣钱养家，责任大，负担重，很辛苦。到了一定年龄，比如60岁了，父母已去世，子女已成家，家庭只有夫妻两个，身体很健康，住在农村家中，与土地结合起来，有收入，有自由，时间自由支配，事情自己安排，他们就进入"人生的第二春"。其中很多这样负担不重的低龄老年人，子女在城市有工作，条件也不错，他们却不愿进城与子女在一个屋檐下生活，而愿意留在农村过自由自在的生活。他们也没有养家糊口必须挣钱的压力，之所以种田，是因为春种秋收有意义，有成就感和获得感。

负担不重的低龄老年人，他们将农业和农村当作舞台，不须拼命挣钱养家，又有好的身体，他们就成为村庄各种公共事务以及私人事务中可能的积极分子。他们有时间，不功利，爱热闹，好管闲事，希望老有所为。他们乐意参与到红白喜事、矛盾纠纷调解中，是村庄人居环境整治、乡村建设的积极参与者，是互助养老的推动者和组织者。他们中的很多人都曾当过干部，到外面务过工见过世面，子女在城市工作，可以在城乡之间两头跑。"负担不重的人"就是村庄最为重要的社会财富和治理资源。

当然，村庄并非所有低龄老年人都是"负担不重的人"，有的低龄老年人，子女尚未成家，或家庭经济条件不好，就不得不想方设法劳动以获得收入帮衬子女，收入最大化仍然是他们的第一目标。他们将所有闲暇都用于挣钱，而难以顾及村庄公共事业。

"负担不重的人"愿意在农村居住生活，并且感到自由惬意，除了身体健康和家庭负担不重以外，还有两个原因：一是他们往往不喜欢城市生活，因为城市生活太吵闹。尤其不喜欢在城市与子女一起生活，因为不自由。二是农村得有相应的条件，比如有自己的房子，房前屋后有庭院可以搞庭院经济，可以种地，村庄熟人社会关系友好，村庄基础设施比较便利等。这些正是当前中国农村可以满足的条件。

所以，有相当一批本来可以在城市生活的农村低龄老年人却愿意回农村来生活。他们就与留守农村的中农一起，成为城市化背景下面的村庄主要建设力量，在农村空心化、老龄化背景下维持了村庄秩序。

四、适老型农业

在中国现代化的语境下面，农业现代化具有天然的正当性。问题是如何实现农业现代化，以及为谁的农业现代化。

前面我们讨论过为谁的农业现代化的问题，当前及未来相当长一个时期，农业现代化的核心问题仍然是为缺少进城机会农民提供保障和为进城可能失败农民提供退路的问题。如何实现农业现代化呢？至少未来相当长一个时期，农业现代化的重点并非规模经营基础上的农业现代化，也并非以农业劳动生产率为优先的农业现代化。当前中国农业要优先解决粮食问题和农民问题，农业现代化必须为仍然要依托农村和农业的中国农民提供收入与就业机会。当前中国农民人数众多，且以中老年人为主，中国农业现代化必须综合考虑农业与农民问题的平衡。只有将最弱势群体农民的问题解决好了，全面建成社会主义现代化强国才具有基础。

农业不仅是缺少城市就业机会的农民弱势群体尤其是农村老年农民的基本保障依托，而且是进城失败农民的最后退路。当前仍然要依托于农业的农户很多，且以中老年农民为主，就决定了中国农业规模不可能太大，且农业现代化当前阶段的重点是要为小规模经营的中老年农民服务，服务于他们能种好田，以解决田不好种的问题。当前农业政策中或农业现代化的重点仍然是为以中老年农民为主的小农户服务，也就是要重点发展适老型农业。通过建设适老型农业，将有限的农业农村获利机会留给数量庞大的农民弱势群体尤其是老年农民。

发展适老型农业就要做好长期心理准备，不要想着一次性解决中国农业现代化中的所有问题。农业问题受制于农民问题，至少在当前及未来相当长一个时期，农民问题与农业问题是同等重要的，农业现代化因此就不只是要解决农业的问题，更非完全通过市场体制来解决农业问题。

具体地，发展适老型农业，以下几个方面很关键：

第一，要限制资本下乡搞农业规模经营基础上的农业现代化，防止资本下乡与仍然需要农业机会的农民争利。当前全国地方政府实际上是有着推动资本下乡搞规模经营冲动的，甚至普遍提出规模经营目标，推动规模经营，通过政策支持规模经营。地方政府的这种冲动来自两个方面：一是普遍将农业现代化理解为以规模经营为基础；二是规模经营，经营主体就少，就便于管理，管理成本也低。问题是，一旦依托农业的农村弱势群体尤其是农村老年人无地可种，他们就不仅失去了农业收入来源，而且丧失了农业就业机会，他们被排除在农业以外就会成为社会问题。地方政府引进资本搞规模经营，看似方便了农业管理（包括农业补贴等），却会在农业以外产生更加麻烦的农民问题。2023年河南农村秋收季节连续发生多起哄抢事件就是警示。

第二，发展适老型农业，地方政府不要怕麻烦。从某种意义上讲，地方政府尤其是基层干部的主要工作本来就是要为农民提供生产生活服务的，生产服务的重点就是为农民种田提供保障。以中老年农民小规模经营的小农户经营，农业经营主体多，经营主体之间达成合作的成本高（比如分享水资源，从几户到几十户，再到几百户，协商协调成本直线上升）。

第三，地方政府不要怕麻烦的一个重要方面是不要推动承包土地的正规合同流转，允许甚至鼓励承包土地的非正规流转。一方面，以老年人为主的小农户农业具有很高的不稳定性，包括年龄大了不再种地，进城失败返乡需要种地，中农户进城退出土地，新中农需要流入土地等，每个农民家庭都要依据自己的家庭状况随时进行决策。不正规土地流转的好处就是可以依据农民家庭决策进行土地调整。当然也有坏处，就是会影响种田农户的预期，以及容易产生纠纷。另一方面，看起来非正规流转法律关系不清晰，实际上社会联结更重要。正是通过非正规流转，为人口流出的农村保留了更多人与人之间的社会联结。从这个意义上讲，农地非正规流转是一种社会建设。

第四，村庄内部农户之间出现土地流转产生的纠纷也并不一定是坏事，因为解决纠纷的过程本身就在生产秩序。

第五，地方政府要为小农户提供更多社会化服务的支持，包括农机服务、农资农技服务、水利灌溉、机耕道建设，以及必要的土地整理。政府提供支持的一个重要内容是为小农户提供政策资金补贴，而不是将政策资金主要用到支持大农户的所谓现代农业上面。

第六，要限制土地租金上涨，尤其不要推动土地租金上涨。农业收益有限，土地租金上涨会对仍然从事农业生产的小农户产生毁灭性打击。有很多地方政府在公开报告上讲，通过推动租金上涨，为农户增加了土地租金收入。这是站在城居农民立场看问题，是错误的。

第七，在当前时期，慎重推进高标农田改造，将有限的农业资金重点用于支持仍在种地的小农户。高标农田投入巨大，建设的高标农田也大多是对标资本经营的规模农业。高标农田建设越多，小农户越是没有种田的机会了。

小结一下就是，当前时期，中国绝大多数耕地仍然要留给小农户耕种，因为农业问题的一个重要方面或前提，是为仍然留守农村的数亿农民提供出路。当前农业所面对的紧迫问题是将农业投资、农村工作乃至"三农"政策的重点用于为中老年人提供种田便利，发展适老型农业。如果说当前有地方土地无人耕种，或农业没有做到精耕细作的话，原因不是无人种田，而是当前农村的田不好种。如何让田好种起来，以及如何让以农村留守中老年人为主的小农户种好田，这是当前"三农"政策的重点。凡是企图将农民从农业中撵出去，指望靠资本大农业来推进农业现代化的想法与做法，都是操之过急的，都是错误的。

如果做一个简单的关于农业与农民关系的梳理就可以发现，农业与农民关系十分复杂，大体可以分成四个不同阶段。

第一阶段是农民主要依靠农业的阶段，这个阶段甚至可以从2000年一直上溯到传统时期。1949年以来的绝大多数时期，中国农民主要收入和就业都来自农业和土地。这种情况一直延续到20世纪70年代允许农村发展乡镇企业，农民才有了农业以外的二、三产业收入。

第二阶段是农业收入是农民重要收入，农民仍然要依靠农业的阶段。这个阶段大致在2000—2035年，发挥作用的主要机制是"以代际分工为基础的半工半耕"。从农户来讲，正是借助农业收入和农村的出发点，农户同时从农业和务工中获得收入，才积累了进城资本。同时，农业也为广大缺少进城机会或进城失败的农民提供了基本保障与最后退路。对于后者来讲，农业和农村的重要性是不言而喻的。

这一阶段与第一阶段的不同在于，第一阶段是所有农民都主要依靠农业和农村收入与就业机会，第二阶段则已有相当部分农户进城去了。部分进城农户已完全不再依靠农业与农村收入，部分农户仍然需要通过半工半耕来获得进城资本，还有部分农户则仍然要依托农业和农村作为主要收入来源与就业场所。农业农村对于这部分最为弱势的农民来讲，就不只是可有可无，而是保底的，必需的。这就是为什么要将农业机会留给农村中老年农民及为什么要发展适老型农业。

第三个阶段是 2035 年至 2050 年。这个阶段，国家已基本实现现代化，进城农民一般都可以在城市安居，农村和农业越来越不再需要为缺少进城机会农民提供保底。但从农户自己的选择来看，尤其从农村老年人的选择来看，他们往往不愿意与子女共同在城市生活，而愿意到农村养老。农村的好处是可以与大自然亲密接触，上通天下接地的农村生活远比喧嚣而拥挤的城市生活有品质。农民尤其是农村老年人对待农村的态度就是，农村是一个适合养老的地方，是可以与大自然和谐相处的地方。因此，返回农村的老年人不一定非要从农业中获取收入，他们却愿意享受庭院经济中"采菊东篱下，悠然见南山"的田园生活。

实际上，当前农村已有越来越多返乡享受田园生活的老年人，就是前面所讲"负担不重的人"，但他们所占比重不大。随着中国现代化建设进程的不断推进，就会有越来越多返乡老年人是要享受农村，而非仅仅依靠农村。越来越多返乡农民只是享受农村，就可以在农业中涌现出更多"中农"来。

即使返乡农民是要享受田园风光，农村仍然为返乡农民提供了很大的福利改进。他们可以避免在城市逼仄拥挤空间熬日子，而回到农村拥抱"人生第二春"。

第四个阶段即 2050 年全面实现现代化之后的阶段。农民不再需要依靠农业收入，这个时候农业可以是规模经营了，进城农民就真的有条件将农村的家乡当作乡愁。他们就可以同时在城市和乡村拥有栖息地，农村既是他们看星星看月亮的地方，又是他们魂牵梦绕的家。进城农民以家乡作为宗教，落叶归根，入土为安，基于农村的中华传统文化因此而复兴。

五、代际剥削

之所以要发展适老型农业，之所以还要为进城农民留下返乡退路，其中一个原因就是当前农民家庭中出现的以代际分工为基础的半工半耕家计模式，是通过农民家庭相对分离来实现的。这个过程中，农民家庭中父母年轻时想方设法托举子女进城，他们年龄大了，却往往得不到子女在身边的照料，不得不通过自己努力来应付养老问题。有自理能力的农村老年人只能自养，缺乏自理能力的农村老年人容易陷入无人赡养境地。

正常情况下面，代际关系应当是平衡的，即"我养你小，你养我老"，父母抚育子女，子女赡养父母。在传统时期，父母无条件支持子女发展，子女也给老年父母以反哺。费孝通说，中国代际之间的支持是通过代际反馈来完成的。

不过，当前中国农村的代际关系明显与代际交换的平衡以及费孝通所讲代际反馈有很大差异，其中关键是，父代对子代无条件支持，却只能换回子代对父代有条件的回报，代际之间的不平衡已变成严重的代际剥削。当代际支持被子代刻意利用，就要变成代际剥削。代际剥削必然会削弱支持代际平衡的价值预设，从而导致低水平代际交换的平衡。

当前代际之间交换不平衡尤其表现在两个方面：一是父代普遍要承担子代婚嫁责任，尤其是娶媳妇往往需要父代长期积蓄，才能具备娶回媳妇的基本条件。比如目前黄淮海地区，父母为儿子娶媳妇需要在城市买房、买车，出高额彩礼，置办酒席，加起来不低于100万元。2007年在河南汝南县调研就听当地农民讲："生两个儿子哭一场。"为什么哭一场呢？因为生了儿子就得养，养了儿子就得帮他成家，成家以后还得帮忙带孙子，这是作为父母最基本的人生任务。生一个儿子，娶媳妇就不容易，生两个儿子，作为父母就得提前20年勤扒苦做，只积累不消费，还不一定能帮儿子娶回媳妇。一旦不能帮儿子娶媳妇，自己就没有完成人生任务，就上对不住祖宗下对不起儿子，就会被其他村民看不起，就会让儿子觉得父母无能，自己也会有负罪感，认为自己的人生是失败的人生。

在当前农村性别比严重失衡的情况下，要完成任务帮儿子娶回媳妇颇不容易，因此就出现了很多怪事。比如有两个儿子的家庭，娶媳妇，女方往往要更高的彩礼，因为向男方父母索要更高彩礼等于是将父母更多资源提前分到自己一方。按揭贷款买房，商品房房主是儿子或媳妇，还贷任务却是父母的。

二是与父代几乎无条件地通过长时期积累支持子女不同，子女却很少给父母以回馈。父母老了，子女虽有责任养老，实际情况却是子女不与父母住在一起，父母往往要依托农村和农业自养。除非万不得已，子女往往只承担十分有限的赡养义务。

当前农村出现的父代几乎毕生都在为子女积蓄，提供经济支持，且支持力度很大，而子代对父代的回报、反哺却十分有限的代际交换不平衡，就是代际剥削。传统时期，代际之间通过代际反馈来达到代际交换的平衡。现在的情况与传统时期有三个重大不同：一是父代对子代经济支持水平远远超过传统时期；二是子代开始利用父代支持来获取好处，比如索要更高彩礼，要求父代还房贷；三是子代只对父代承担有限赡养义务。出现这种情况的一个重要原因是城市化打破了传统的相对封闭及共同居住的家庭结构与村庄结构。城市化高昂的进城成本被子代通过代际剥削转嫁到了父代身上。

代际剥削之所以会发生，根本原因还是中国农民所具有的传统价值观，使他们都具有完成人生任务的文化本能。这种文化本能让中国农民成为市场经济中最积极的行动者，最优质的劳动力，他们勤劳、节俭、积极进取。正是通过代际支持，中国农民的勤劳精神充分发扬出来了，所有中国农民都义无反顾地投入到市场经济中，成为市场中最忍辱负重、勤奋工作的劳动者，正是他们成为推动中国经济快速增长的优质廉价劳动力。他们的勤劳、高积蓄率，托举子代进城，推动中国经济发展，创造中国发展奇迹，而他们所建立的自养秩序也使中国有能力应对当前"未富先老"的问题。

农民关于人生任务的文化本能实际上是存在区域差异的。应当说，作为儒家文化核心区的大中原地区，农民有着强烈的必须完成人生任务的文化本能。分裂的村庄结构进一步使得这种文化本能变得对父代不利，父代成为其文化本能的奴隶，代际剥削也因此最为严重。相对来讲，华南宗族地区，团结型村庄社会结构使得村庄舆论仍然有利于父代，父代为子代付出就相对节制。原子化地区，村庄缺少强有力的结构，每个父母都可以有自己对人生任务的解释权，因此，父代不会为子代无限付出，代际剥削程度有限。至于西南等儒家文化边缘地带的边疆少数民族地区，代际剥削几乎不可能发生，因为父代缺少必须完成人生任务的文化本能。

因此，很有趣的是，当前全国不同地区代际剥削程度是不同的。这种不同尤其与村庄结构所决定的"南北中国"、儒家文化核心区和边缘区所决定的"文化中国"密切相关。作为文化核心区和小亲族地区的华北农村，代际剥削最严重；作为文化边缘区和原子化地区的西南农村，代际剥削最轻微。

现在的问题是，市场经济正在侵蚀农民传统的文化本能，城市化造成的村庄边界开放和农民家庭半工半耕的分离，进一步削弱了维系农民文化本能的社会条件。更重要的是，城市化背景下，所有农民进城的压力都压向父代，甚至子代利用父代完成人生任务的文化本能来索要最大利益，无限压榨父代，父代就迟早会从这种文化本能中觉醒。尤其诡异的是，首先从完成人生任务这种文化本能中觉醒的，可能就是对父代剥削最严重的这代人。

一旦父代从文化本能中觉醒，代际交换水平就会大幅度降低，核心是父代不再愿意无条件承担对子代的支持和无限责任，代际剥削不再显著，生育动力严重不足。

某种意义上，推动中国经济创造奇迹的一个重要动力来自中国儒家文化中的勤劳、节俭。在出口导向型经济中表现出来的就是中国农民廉价优质劳动力所带来的具有高度竞争力的中国制造，在家庭关系上表现出来的就是农民家庭内部严重的代际剥削。

一旦农民从支配自己行动、构成最大内在动力的文化本能中觉醒，当前农村普遍存在的代际剥削也就无从发生了，中国经济发展动力也可能要换频道。

在当前阶段，中国农村中父代竭尽全力支持托举子女进城去了，大部分农民年老以后却缺少在城市养老的条件，他们仍然要依托于村庄养老。下面我们来讨论农村养老问题。

六、不离家不离土不离乡

　　中国未富先老最大挑战在农村。当前农村老龄化程度是高于城市的，且在城市化背景下面，农村人财物流向城市，农村老龄化、空心化很严重。更重要的是，在城市化过程中，农民家庭普遍存在代际剥削，即年轻子女通过父代支持进城去了，留守农村的老年父母既缺乏子女在身边的照料支持，经济上的积蓄也不多。如何应付农村老龄化，解决农民养老问题，是当前"三农"政策中最为关键的问题。

　　从战略上考虑农村养老安排，有两种完全不同的思路。一种是当前的主流思路，即为农民提供养老金，到了60岁，所有农民都可以拿到养老金养老。这种办法的缺点是，养老金本质上是将自己当期收入存下来，等到年老退休再发下来养老。养老金不可能凭空就有，羊毛出在羊身上。因此，要让农民到60岁可以领取养老金，就要由农民缴纳社会养老保险。参照当前农民工进城务工缴纳社会养老保险的水平，农民工缴纳社会养老保险包括三个部分：一是自己工资的8%，二是企业按工资的20%缴纳，三是国家补贴。以一个农民工每月5000元工资计算，每个月要缴纳1400元，拿到手的就只剩余3600元了。农民工连续缴纳15年以上，将来到60岁退休，应该可以拿到每月1000多元退休金。问题是，农民工普遍存有很强的现金收入倾向，他们中参加企业社会养老保险的积极性并不高，只是因为是强制参与，且企业出大头，国家还有补贴，农民也就参加了。如果能将企业上缴和国家补贴直接作为工资发放，不必须参加养老保险，估计大多数农民工都不会参加养老保险。

如果要让从事农业生产的农民参加企业养老保险，因为农民是自雇性质职业，他们就要缴纳个人和企业两个部分，这对于农业收入有限的农民来说，显然难以接受。何况即使缴纳了，退休金也不会高。

至少在当前一个时期，要在农村推广强制性的社会养老保险是有难度的。

第二种思路是，国家在现行农村养老实践基础上，利用国家财政支持来建立不离家不离土不离乡的"三不离"农村养老体制。这可能是一个出路。

无疑，无论哪种应对农村老龄化的思路或战略，国家都得承担责任。问题就在于国家如何承担责任比较有效，以及国家如何通过有限的财政资源最大限度应对好农村老龄化的挑战。

当前农民养老首要责任显然仍然在家庭，父代对子代的抚育和子代赡养父母，天经地义。现在的问题是，农民家庭往往存在分离，仅仅依靠家庭养老肯定是不够的。

传统时期，农民家庭主要从农村获得收入，同居共财，共同生产，共同分配，没有退休金一说。凡是可以劳动的家庭成员都参加劳动，身体健康的家庭成员从事主要生产劳动，身体不是特别强壮的半劳动力从事辅助劳动，或家务劳动。家庭成员有人生病，丧失生活能力，由家庭其他成员照看。因此可以说，传统时期的农村社会保障（养老）是不区分年龄的，不离开家庭的。

当前农村的农民仍然保持了传统农村养老的惯例，不同的是，农民家庭年轻子女很可能进城去了，留在村庄的只有老年父母。

不过，留在村庄的老年父母实际上是不离家、不离土和不离村的，这个不离家与传统时期不离开家庭其他成员有所不同，而只是不离开他们在农村自建的住房。

留在村庄的老年农民有自己的住房，也有自家承包地，还是村社集体组织成员，是村庄熟人社会的一员。

因此，留守农村的老年父母其实可以分为三种状态。一是仍然具有生产能力的低龄老年人。他们身体很健康，有生产能力，与土地结合起来，不仅可以获得收入，而且觉得自己能劳动，有用，从而具有很强的成就感。这样的低龄老年人显然不存在养老问题，即使他们已经超过60岁了。

二是生产能力比较弱，生活仍然能自理的农村老年人，可以称为中龄老年人。这些中龄老年人虽然不再从事农业生产，却因为具有生活自理能力，而可以在农村保持健康的生活。这些从农业生产中退出来的老年人消费往往比较低，并不需要大花费，经济上一般不会困难。他们的主要需求是被人"看见"，老有所乐，最好还可以发挥余热。这些中龄老年人是村庄老年活动中心的常客，是熟人社会中的积极分子，是村庄文化活动的主要建设者。他们在农村养老，花费少，好热闹。如果村庄搞好文化建设，就既可以为中龄老年人提供舞台，又可以让中龄老年人有一个幸福充实的晚年生活。

三是生活自理能力弱，甚至生活不能自理的高龄老年状态。当然，这个状态也可以再分为两个阶段，就是生活自理能力弱的阶段和生活不能自理阶段。生活自理能力弱的阶段，因为还没到完全不能自理，就只需要有限照护。这个阶段已进入高龄，对老有所乐和老有所为几无热情，希望老有所养和老有所护。因为不是完全不能自理，提供有限照护就可以，在村庄中就可能通过低偿服务或者助餐服务等来解决，所需要的养老照护成本也不高。

当前农村养老中问题最大的是完全失能老年人的照料。完全失能就必须要有专人照料，照料成本非常高。如果由家庭成员来照料，就会成为家庭的沉重负担，尤其在子女进城情况下的家庭照料更加困难。如果送养老机构，既存在生存质量可能不高的问题，养老费用也很昂贵。

一般来讲，村庄中生活完全不能自理的老年人占比不高，最高比例也不可能超过老年人总数的10%。比例小、人数少，就可以想办法。

在国家必须为农村应对老龄化提供支持的情况下，"不离家不离土不离乡"的方式是特别有效的。因为这种方式是建立在当前农民养老实践基础上的，国家只需要在此基础上通过政策和资源进行修补和完善，就可以有效应对农村老龄化，解决农村老有所养的问题。

具体地，国家应对农村老龄化的"三不离"方案或战略要点包括以下四个方面：

第一，保留农户在农村的住房、承包地和集体组织成员身份，为小农户包括有劳动能力的老年人提供适老型农业生产条件。

当然，如果农民家庭有条件在城市安居，以及在城市养老，也完全没有问题。条件好的农户可以通过很多办法来过好自己的老年生活，国家政策的核心是为缺少机会的农户提供保底。

第二，将农村负担不重的老年人和已经退出农业生产但生活能力强的农民组织起来，开展丰富多彩的文化活动。这方面国家可以注入资源，核心是要真正激活老年人，让他们自己建设自己的文化生活。

第三，建村庄养老院，主要负责照料弱自理能力的老年人。可以适当收费，收费不高，因为所需要提供的照料有限。国家可以通过财政资金进行支持，一是支持建设村庄养老院，二是支持本村低龄老年人提供低偿的护理服务。

第四，适当支持对高龄失能老年人的护理，但也不能包办。老年人的家庭和亲属仍然要承担最主要的养老责任。

国家以"三不离"为基础应对农村老龄化，实际上是将农村体制以社会体制为主进行建设，让农村和农业主要服务于缺少城市就业机会的农民中的弱势群体，即坚持所谓"小农立场"，从而也可以有效地应对农村老龄化的问题。

只要"三不离"，农村老年人可以与土地结合起来，依托村集体，依托熟人社会，依托国家资源的重点支持，就一定可以为每个年龄阶段的老年人提供较大限度的保障。在"三不离"的情况下面，农村老年人与自然接近，与土地结合，相互信任，相互支持和帮助，相互构成彼此的意义世界，物质消费可能不多，却容易做到老有所乐、老有所为和老有所养。老年生活充实、有趣，在自己出生的土地上度过老年生活，真正做到落叶归根、入土为安。这个"三不离"应对农村老龄化方案就可能不只是临时策略，而可能发展成为一种关乎乡村前途的战略。

七、互助养老

按照我们在前面的讨论，当前中西部农业型农村地区主要有两个群体，一是中农，二是老年人。

与村庄联系紧密的外出村民又可以分为三种：一是父母留守村庄，自己进城务工经商的，这样的进城农民与村庄关系十分密切；二是已全家进城的农民，他们与村庄联系较为薄弱，却也有联系；三是外出工作的乡贤，这些人通过考学、参军等途径进入体制内，掌握较多体制资源，有广泛的社会关系，就成了"乡贤"。当然还有村民进城办产业发财致富的，也是村庄最为重要的资源之一。

当然，村庄中的一个重要治理主体是村干部，村干部与村庄中农往往有很大的重合。

我们对以上各个群体进行讨论。

从农业生产来看，中西部农业型农村地区，从事农业生产的主力是中农和低龄老年人，尤其是低龄老年人中家庭负担重的那部分老年人。如果以60岁为老年分界线的话，60岁低龄老年人往往可能与中农存在重合。在当前农业高度机械化的前提下，负担不重的低龄老年人和少部分中龄老年人也耕种部分土地。这些耕种土地从事农业经营的群体，他们就会在进行农业生产的基础上，结成基于生产关系的社会联结，维持村庄中的生产秩序。他们是村庄中最为生机勃勃、生龙活虎的群体，是村庄中的主导性力量。

从村庄社会活动、闲暇交往、文化建设来看，村庄负担不重的低龄老年人有大量闲暇时间和强烈的文化社会活动需要。无论是私人性质的种花养草，还是集体性质的群体文化活动，他们都是主力，是发动者、组织者。具有生活自理能力的中龄老年人则是村庄文化活动最积极的参与者。也就是说，负担不重的低龄老年人与具有生活自理能力的中龄老年人，他们的生活重心不再是挣钱和生产，而是要老有所乐，文化生活已成为他们的重心。吃好玩好心情好，如果能玩出品位，玩得有文化有层次，比如写诗、摄影、表演舞蹈、演奏乐器，搞一场文艺会演，开一次老年人运动会，他们一定是最积极的参与者、组织者甚至发动者。让闲暇生活有质量，是他们的基本诉求。"时间过得快了"是老年人文化生活丰富的基本表征。

弱生活自理能力老年人最大的需求是基本生存性的需求，比如吃饭、洗浴、照护。尤其是弱生活自理能力老年人单独留守农村家中，衣食方面可能存在困难，发生意外就没有人知道，从而产生悲剧。浙江象山县搞的村社养老院，主要就是针对这个老年人群体。具体地，由村集体建一栋养老院，提供养老床位，村里生活自理能力弱的老年人都可以申请入住。养老院只提供有限的服务，主要是助餐服务和洗衣服务。因为住在养老院，万一发生意外就便于救助。因为有一定生活自理能力，住在村庄养老院的老年人并不要求特别照护，养老院管理成本就低，向老年人收费自然就低。象山县村社养老院每月收费仅300元，没有家庭出不起这个费用。为养老院提供管理与服务的也是本村低龄老年人，其工资也只有1000多元，非常低，可谓是低偿服务的典范。

丧失生活自理能力的老年人是当前农村养老最大难题。浙江象山村社养老院不接收丧失生活自理能力老年人养老，一是风险大，二是护理要求高。如果接收了失能老年人养老，村社养老院就很难再低成本地运行了。

进城年轻人当然有义务赡养父母，因此，一旦留村老年人失能，大多数要由子女照料。子女无法照料就只能送到养老机构。在江西、河北都有农户办的托老所，主要收失能老年人。依托农户家庭条件，主要靠农民家庭劳动力，最多再雇一二个护理员，收费比市场要低，一个月2000—3000元。在本村托老，熟人社会，相互信任，既未离土又未离乡，成本比较低，成效比较好。

从村庄外出的乡贤也就是功成名就的村庄成功人士，如果组织"乡贤理事会"，这些乡贤应当可以为村庄建设提供很多好的办法及资源。

村干部主要工作就是维护村庄生产生活秩序。当前中西部地区村庄中最重要的群体就是老年人，村干部的主要工作就是将老年人组织起来，建设他们的美好幸福生活。

最重要的是，农村养老，国家有责任，因此，可以期待在养老中有国家较大笔的投入。问题是如何投入才能最有效。

从上面的分析来看，我们可以看到五个层面村庄主要群体形成的养老秩序：

第一个层面是由中农+家庭负担较重的低龄老年人+部分负担不重的低龄老年人+少数生活能自理的中龄老年人所构成的生产者群体，其中核心力量是中农+家庭负担较重的低龄老年人，他们是村庄生产秩序的主要维持者。

第二个层面是由家庭负担不重的低龄老年人+生活能自理的中龄老年人+少数弱生活自理能力的高龄老年人组成的村庄文化秩序的主要组织者和参与者。他们有着对村庄文化生活最强烈的需求，是村庄老年人文化活动中心的常客。

第三个层面是弱生活自理能力高龄老年人所组成的对助老服务有需求的群体。他们有弱生活自理能力，对照护要求不高，主要照护要求是助餐助浴，防范意外。又因为弱生活自理能力，他们已大大降低对外界事务的兴趣，对参与村庄文化活动既有力不从心之感，又有兴味索然的意思。宁静，吃好睡好，有限交流，就很好。

第四个层面是由失能老年人所构成的需要重度护理的养老秩序。村庄失能老年人数量少，照料难度大，是当前农村养老中的难点所在。

第五个层面是由村干部、乡贤和国家资源所构成的对村庄生产、生活、养老的支持系统。尤其是国家资源如何在农村中发挥作用，是维持城市化背景下农村秩序的一大关键。

如果国家政策坚持"不离家不离土不离乡"的方向，仅仅从养老来看，低龄老年人因为可以与土地结合起来，就不存在养老问题。农村低龄老年人不是问题而是资源，是财富，是农村的主要建设者。

生活能自理的中龄老年人，他们在农村消费很低，主要需求是精神文化上的，所以，通过成立老年人协会，建设老年人文化活动中心，开展丰富的文化活动，并且借开展文化活动将农村老年人组织起来，形成村庄内部的互助机制，就十分重要。我们在湖北四个村建设老年人协会，一个村一年仅投入一万元，相当于给每个老年人每天0.1元的活动经费即可以相当有效地开展起老年人协会的活动，我称之为0.1元买老年人一天的好心情。如果由国家财政来支持，每个村一年只需要10万元，全国60万个村，一年也才600亿元。这个钱国家出得起。关键是要用好。

在村庄建养老院，只接收弱生活自理能力的高龄老年人，为他们提供简单的生活和护理服务，就可以解决当前农村真正有养老需求的大部分高龄老年人的问题。简单服务，成本就低，可以由本村低龄老年人来提供服务并支付一定报酬，即低偿服务。

对于失能老年人，可以以家庭为主，国家给予一定护理补贴，也可以通过在村庄建立民办养老机构来分解压力。

村庄内部各个群体，因为年龄不同，身体状况不同，需求也就不同。在"不离家不离土不离乡"的情况下，村庄熟人社会中，村民非亲即友，都是自己人，彼此信任，容易发展出互助来。这种互助可以采用三种形式：低偿服务、志愿服务和时间银行。

低偿服务就是充分利用村庄熟人社会中相当多低龄老年人具有的生产、组织和服务能力，鼓励其提供服务，给予一定补偿。志愿服务方面，无论是村外乡贤捐赠还是村庄有能力村民义务劳动，在熟人社会中都很容易被激发出来。我主持湖北省四个老年人协会，历任会长从来没有拿过一分钱，村庄有威望有能力的老年人却争当会长，以为老年人义务服务。时间银行就是通过积分制为那些年轻时在村庄提供了服务的老年人在老年时提供免费照护服务，农村低龄老年人有大量闲暇，他们是时间银行的主要储蓄者。

农村互助养老要发展起来取决于三个方面的条件：第一是国家落实"不离家不离土不离乡"的"三不离"政策导向。第二是国家真正为农村养老进行投入。这个投入主要包括三个部分：一是基础设施建设，比如老年文化活动中心、村庄养老院，等等；二是常规活动经费投入；三是专项养老经费投入。相对于账户养老投入，这就只是相当有限的投入了。第三是村庄被高度动员起来，形成自组织能力。这个是关键和根本。没有村庄内部的动员，再好的国家政策和再多的国家资源投入都是没有用的。

未富先老的农村老龄化是一个重大挑战。在城市化背景下，农村人财物流向城市，传统家庭养老难以为继。在可以预见的未来相当长一段时间，机构养老不仅存在收费高、农村家庭付不起的问题，而且因为机构养老割断了农村老年人与村庄熟人社会在经济、社会、心理、精神各方面的联系，从而降低了养老质量。中国农村养老的出路在于发展农村互助养老。农村中有中农、低龄老人、"负担不重的人"、新乡贤等主体，还有村庄伦理规范和熟人社会基础，为互助养老提供了现实可能性。如果可以在"三不离"基础上，通过国家财政支持，充分激活村庄自治，调动村庄内部各方面的积极性，通过互助的形式来解决农村养老问题，应对中国现代化进程中未富先老的挑战，必将是一项重大事业。

八、低消费、高福利

在2007年出版的《乡村的前途》封面上我写了这么一段话：

> 在这60多篇文字中，我试图提出一个关于中国发展道路的新方案，这个方案的核心就是以新农村建设为契机，重建农村生活方式，提高农民的主体地位和文化感受力，让农民可以分享到现代化的好处，从而过上体面而有尊严的生活。

> 我希望重建田园牧歌的生活，希望温饱有余的农民可以继续享受青山绿水和蓝天白云，可以继续享受家庭和睦和邻里友爱，可以继续享受陶渊明式的"采菊东篱下，悠然见南山"的休闲与情趣。劳作是有的，却并不需要透支体力；消费是有的，却并不一定奢华；闲暇是有的，却并不空虚无聊。

> 这是一种强调主体体验和人际联系的"低消费、高福利"的生活方式，农民不一定特别有钱，却可能因为有生活的主体体验而生活充实。

对照20年前的这段话，当前农村已有巨大变化，核心是农民大量进城去了，留在农村的主要是缺少进城获利机会的农民弱势群体，尤其是农村老年人群体。对于他们来讲，如果要通过非市场非货币非物质的方面来实现福利最大化，农村的"低消费、高福利"

就十分重要。

共同富裕是我们的目标，目前影响共同富裕的最大障碍是城乡差距，即城市居民人均收入要远远高于农村居民。城市居民人均收入远高于农村，主要原因是城市具有远比农村多得多的市场机会，次要原因是城市几乎所有东西都被货币化了，比如城市一个单元房，100平方米可能价值几百万元。农村则仍然存在普遍的自然经济，大量消费是没有被市场定价的，比如农民自己建房，房子的价值等于建筑成本。农民自给自足经济也没有定价，所以不算收入。农村当前仍然广泛存在的自然经济、社会体制，为农民提供了保护。同样收入水平在城市生活不下去，在农村却可能生活得很好。以充分市场条件为前提计算城乡居民收入基尼系数，这个基尼系数可能会很高，若考虑到农村仍然普遍存在的自然经济和社会体制，城乡差距就没有那么大了。

城乡不仅存在差距，而且存在差异。城市与农村是两套不同的系统，也是两套不同的生活方式，甚至可以说是两套不同的价值观系统。从形态上看，农村是分散的，城市则是高度聚集的；从制度上看，城市高度市场化，农村则仍然保留了大量自给自足的经济成分，农村土地集体所有制和村社传统熟人社会都是与城市完全不同的；从生活方式上看，城市是快节奏的，农村则是慢节奏、传统且保守的；从功能上看，城市是中国现代化的发展极，农村则是中国现代化的稳定器。

正是城乡之间的差异，使缺少进入城市市场获利的农民弱势群体，尤其是农村老年人在收入有限的情况下，仍然可以在农村获得体面生活的机会。

对于当前中西部地区仍然留守农村的农民来讲，尤其是对于农村老年人来讲，他们经济收入是有限的。如果用经济收入和消费水平来衡量，留守农村农民的生活质量就不可能高，福利水平就比较低。然而，如果不只是从经济收入上来衡量，情况就可能大为不同。

从物质条件来看，当前全国农村基础设施，无论是水电路讯，还是人居环境，都可以说已相当好了。国家提出城乡基本公共服务均等化，农村医疗、教育以及基本保障，至少已做到了普惠。

当前农业生产也早已告别肩挑人扛的状况，农业机械化程度很高。农业机械化不仅为中农提供了扩大经营规模的条件，而且让老年人也能种得动田。

农民与土地结合起来不仅可以获得收入，而且有了就业和因此而来的意义感。春种秋收，农业的季节性为农民提供了生活的节奏。

农业生产是相对自由的，农忙季节有点忙，其他季节是农闲。农民可以自主安排农作时间，他们自由而散漫。

农业种植与养殖都是与生命有机体打交道，农业生产因此是有生机的。

生产出来的农产品拿到市场上卖不一定可以赚多少钱，但到市场上买还是要花不少钱的。农民发展庭院经济，自食其力，生活成本就很低。

与土地结合起来，种花养草，捞鱼摸虾，小狗小猫。春天草长莺飞，秋天硕果累累。

农村是宁静的，晚上皎洁月光，早上薄薄晨雾，都是农村独特的风景。

村庄又是村民祖祖辈辈生活的地方，村社熟人社会，非亲即邻，彼此信任，相互帮助，人与人之间的交往产生了意义，积累了社会资本。正是通过互助而不是靠市场，农民可以低成本地解决文化活动需要和养老需要。

如果有国家政策和财政资源的支持，将因缺少进城能力而留守农村的各个群体组织起来，共同建设美好生活，那么农民虽然收入不会太高，却可以从互助合作中，从与土地的结合中，产生出远高于收入水平的生活质量，真正实现"低消费、高福利"。

农村可以以较低消费获得更高福利的可能性，使得当前国家"三农"政策应当区分城乡，重点推进基于农村自身优势的建设。在城市化背景下，留在农村的更多是相对弱势的农民。他们的收入比城市人低，资本比城市人少，这个时候，国家就有责任向农村投入资源来建设乡村。建设乡村最为重要的办法是充分利用乡村社会体制的优势，让留守农民在有限收入的情况下，仍然可以搞好生产，过好生活，养好老，从而达到"高福利"。

第五篇

农民城市化与县域经济

一、农民城市化的特殊机制

　　中国现代化的一个主要表现就是农民城市化。中国地域广大，农民城市化进程宏伟而复杂。深刻理解农民城市化的特殊机制与复杂过程，既有助于推进关于中国现代化的理论研究，又有助于出台正确的"三农"政策，防止政策偏差，从而助力中国现代化事业。

　　传统的农民从事农业生产，居住在农村，最大活动半径也不会超过县域。改革开放以后，农民经营自主权重新确立，激发了农民生产积极性，形成了大量农村剩余劳动力，农民通过进入乡镇企业获取农业以外的就业与收入机会。到20世纪90年代，农民进城务工经商，突破县域范围，在全国范围寻找就业机会。农民是以村庄为基地进城寻找机会的，他们在城市获取利益，然后将获得利益输送回村庄，村庄变得繁荣。进入21世纪以后，越来越多进城农民开始寻求在城市安居，而不再将收入转移回农村。为了能在城市安居，留守农村父母将有限的农业收入用于支持年轻子女进城，农村开始衰落。

　　农民能在城市安居，前提是可以在城市获得稳定的就业与收入。当前时期，能为进城农民提供稳定就业与收入机会的往往是沿海城市经济带，或大中城市，中西部县城缺少有保障的就业与收入机会。而以农民家庭有限的收入，他们只有在县城才买得起房子。

　　当前中西部地区地方政府正通过两手抓来推进农民进城。一是鼓励农民进城买房，作为最重要地方政府的县政府，当然是优先鼓励农民进县城买房。农民进城买房不仅可以大大增加土地财政收入，而且可以让县城建设上规模上档次，成为当政者显著的政绩。二是必须要发展县域经济。进城农民在县城买房后，他们在县城的生活成本远高于农村，就必须要有更高收入来源。没有县域经济的发展，县城不能为进城农民提供充分就业机会，进城农民在县城就待不下去。

从理论上讲，中西部地区，只要县域经济发展好了，农民进城买房，在县城工作，县城离农村老家不远，又有很多熟人关系，农民城市化就变得简单。从现实情况看，当前中西部地区县域经济普遍不发达，农民进县城买房容易在县城就业难，因此出现了较为普遍的"一家三制"的情况。[1]

解决理论与现实矛盾的办法就是大力推进县域经济的发展。当前县域经济发展更好的是东部沿海发达地区，如果中西部地区县域经济也能达到东部沿海发达地区的水平，农民进城理论与现实的矛盾也就不存在了。中西部地区县域经济发展向东部沿海地区学习，东部沿海地区县域经济的今天就是中西部地区县域经济的明天，就成为中西部地区的信念甚至成为国家政策的导向。

但是，东部沿海地区县域经济的今天可能不是中西部地区县域经济发展的未来，而是不可以学习的，有两个理由：第一，东部沿海地区县域经济已经发展起来了，中西部地区县域经济发展空间因此被挤占了。第二，东部沿海地区县域经济实际上是东部沿海城市经济带的内在有机组成部分，表面上是县域经济，实质上是城市经济。中西部地区县域经济远离城市经济带，并不具有城市经济所必

---

[1] "一家三制"是一种农民家庭的组织模式。它是指，由于县城无法实现就业与生活的统一，消费成本又高，农民不得不将家庭分割为三个部分，青壮年与老年劳动力分别在城市与乡村进行生产，以城乡两份收入支持在县城居住的消费人口。

需的聚集效应。这两个理由都是客观的，因此，中西部县域经济很难为进城农民提供充分的就业与收入机会。

因此，仅仅进到县城还是不够的，农民即使在县城买房了，能享受到县城较高质量的公共服务，包括较高质量的教育、医疗服务，却因为就业机会有限，而难以安居。县城终究只是农民进城的一个过渡环节。

农民进城一定要进入有就业的地方，从而做到就业与生活的一体。沿海城市经济带、省会城市、区域中心城市，至少是中西部的地市级城市，具有远多于县城的就业机会，这些地区才是农民进城的终点。

农民是以村庄为基地进行城镇化的，村庄在农民进城各个阶段都很重要：以村庄作为进城的出发点；将城市获利转移回村庄，村庄变得繁荣；为进城安居而调用农村资源，农村人财物流入城市，村庄变得萧条；农民家庭通过半工半耕或"一家三制"来筹措进城资源；缺少进城能力的农村弱势群体留守农村，防止城市出现贫民窟；为了自由，与子女一起进城的老年父母返回农村，在村庄熟人社会中获得接地气的宁静生活；进城农民家庭有能力在城市体面安居。农民终于进城，城市化完成了。

农民即使已经完成城市化，也并不会随意斩断与农村的联系。农民从村庄进城，村庄是农民进城的出发点，也是进城农民的家乡。城市是高度复杂的世界，也是高度功能的世界，进城农民需要有村庄这个根，这个乡愁，村庄是进城农民的宗教。落叶归根，入土为安。为进城农民保留他们在农村的家园，让他们有一块属于自己可以掌控的魂牵梦绕的地方，就让缺少抽象信仰的中国农民乃至中国人民有一个依托于村庄和土地的超越性的信仰。

改革开放以来中国农民城市化可以划分为四波。第一波是以发展乡镇企业为主要路径进行就地工业化和城市化。到20世纪90年代，随着乡镇企业的关停，中西部地区就地工业化和城市化没有成功，东部沿海发达地区则因为区域经济的快速发展，农村以工业化和城市化的方式融入区域城市经济，实现了就地城市化。第二波是农民进城务工经商，并开始在县城买房。这一波农民城市化的初期只是农民进城务工，务工收入转移回到农村盖新房，办酒席，农村变得更加繁荣。很快农民开始进城安居的努力，其中一部分农民将家安到就业中心，一次性就在城市扎下根来，大部分农民只能在县城买房，而县城缺少就业机会，他们因此不得不更加要到有就业机会的地方务工经商，以应对县城的开支。无论农民家庭是在县城买房，还是一次性到了有就业机会的城市扎根，他们都往往要通过"以代际分工为基础的半工半耕"来应对城市化的压力。第三波，"一家三制"进入县城的农民家庭，大部分都要通过继续努力以进入更高层次的就业与生活一体的区域城市中心。第四波，已在城市扎根的农民家庭保持与作为家乡、归宿的村庄之间的有机联系，狡兔三窟，进城农民也有城乡两个家，这是较高层次的农民城市化。

当前中国农民城市化正处在第二、第三层次，即农民正在进入县城，以及从县城向区域中心进发的阶段。现阶段县域经济的发展及限度将极大地影响中国农民的城市化。

二、沿海城市经济带内城乡一体化

新中国成立以后开始进行以重化工业优先的工业化建设，到改革开放之前，中国已基本建立了完整的国民经济体系。因为备战的原因，西部三线地区也建立了完整的工业体系，全国经济相对均衡，差异仅在于，为了从农村筹集资源进行工业建设，国家采取了城乡二元体制，限制农村发展工业，也限制农民进城。到改革开放前，中国区域经济发展差距不是很显著，城乡差距则很大。

随着工业化的初步完成，工业品开始下乡反哺农业农村，同时国家逐步放开农村工业，甚至鼓励农村发展"五小"工业。从20世纪70年代开始，以乡村工业为主的乡镇企业蓬勃发展。进入90年代，乡镇企业产值占到全国工业产值的半壁江山。

不过，随着市场经济从卖方市场进入买方市场，城市工业和沿海工业的发展，乡镇企业在产品质量、价格以及污染处理等方面的劣势暴露出来，并在很短时间内纷纷关停。中西部地区乡镇企业关停，农民不得不离土离乡，进厂进城。以苏南为代表的沿海地区乡镇企业已发展到了相当规模，地方政府通过改制盘活了部分乡镇企业，乡镇企业占用的集体土地变成招商引资的最好条件，以外资为主的大型制造业代替之前乡镇企业，继续为农民提供了不离土的就业机会。

同处长三角地区的浙江与苏南相比，其农村工业化有完全不同的路径。浙江主要是通过家庭作坊+地方小商品市场的模式来实现工业化的。浙江农村工业化的最大优势是农民的企业家精神充分调动起来了，他们面向市场进行生产，不断改进技术提高质量，在市场上占据了重要地位。改革开放以来浙江农村一直缺少集体性质的乡镇企业，却涌现出几乎无限的民营企业家，他们有能力适应由卖方市场向买方市场、由主要服务于工业品短缺的国内市场向主要服务于国际市场的转换。当然，这个过程中绝大多数之前的小作坊都被淘汰了，留下来的都已由小作坊发展成了品牌企业。

珠三角地区农村工业化的开端即"三来一补"，面向国际市场。当地农村只需要提供土地，外来资本（港台为主）组织生产经营，外来农民工参加劳动。

相比集体企业，城市工业企业、外来资本企业、浙江民营企业产权明晰，生产管理技术成熟且先进，销售网络发达，且往往具有规模效益。进入20世纪90年代，中国告别了工业品短缺时代，之前蓬勃发展的乡镇企业因产权不清、技术落后、规模小、面源污染等缺点迅速关停。中国工业由之前主要满足内需向主要面向出口转向，出口导向型发展战略进一步强化了沿海地区的区位优势，因为在沿海发展制造业就可利用海运优势。

借助20世纪90年代世界产业转移的机遇，2001年中国加入WTO，以长三角和珠三角地区为代表的沿海地区制造业布局，结合起来，在很短时间就形成了产能巨大的中国制造。中国很快成为世界工厂，珠三角和长三角则成为世界工厂的主要车间。

出口导向的发展战略必须要以服务于国际市场为着眼点。在出口导向的起步阶段，资本、技术、管理、原材料甚至装备都来自国际市场，中国提供土地和劳动力。显然，出口导向战略下面的中国制造，最佳场所就是沿海地区，因为沿海地区可以利用海运优势就近组织生产，原料和产品运输成本都是最低的。

在出口导向发展战略下面，中国沿海地区利用之前工业化的优势，持续提高产能。越来越多资本、劳动力和技术高度聚集到沿海地区，沿海地区的土地也被充分利用，沿海地区经济持续发展，人口和GDP在全国的占比越来越高，在有限的沿海地区土地上形成了庞大的经济产能。

如果将沿海地区当作一个整体，主要包括长三角、珠三角，次要包括闽南、京津唐、胶东半岛，构成中国东部沿海发达地区。2021年沿海地区经济总量中，广东12.4万亿元，江苏11.6万亿元，山东8.3万亿元，浙江7.3万亿元，福建4.9万亿元，上海4.3万亿元，仅这五省一市GDP就达到了48.8万亿元，占全国114万亿元的接近一半。五省一市国土面积为44万平方公里，占全国国土面积不足5%。这意味着，沿海地区只用5%的国土面积，容纳了全国1/3的人口和接近一半的GDP。无论是从中国来看，还是从全世界来看，这都是极高的人口密度和经济密度。

极高的人口密度和经济密度，使沿海地区很容易形成规模经济和聚集效益。在中国沿海地区有限国土上，已聚集全世界最全的产业链，最多的工程师，最丰富的市场信息，最质优价廉的劳动力，以及最灵活的体制，甚至最好的产业生态和营商环境，最安全的社会环境。当然，当前中国沿海城市经济带内也已形成细致的专业分工。

在这样的世界工厂的制造车间里，中国制造就具有无比的活力。这种活力表现在两个方面：一是几乎任何工业产品，中国沿海城市经济带都有能力在最短的时间引进、消化、吸收、创新、引领，从而生产出世界上最为质优价廉的产品。二是同样在中国沿海地区，每一种有市场需求的产品都会有不同企业展开激烈竞争，最终能在竞争中占据优势的必是技术先进、管理有效、善于创新的企业。

当前中国沿海地区已形成具有显著聚集特征的产业布局。例如，以佛山顺德和中山市几个乡镇为主的小家电生产基地已成为全世界小家电生产和研发中心，在生产、研发、销售方面都占据绝对优势。良好的营商环境，完善的产业配套体系，熟练的技术工人，众多研发人员及团队，就使这个小家电产业带比任何其他地方更有能力推陈出新。我们曾调研其中一个乡镇，竟然有3万多家市场主体。这些市场主体在激烈竞争中形成了复杂且配套的细分市场，使得当地生产任何小家电都可以找到最质优价廉的上下游配套，并可以保证生产家电的质优价廉，尤其是保障新产品的快速推出。我们在访问中听说，当地小家电品牌企业在电商平台售卖技术成熟小家电产品基本上是不赚钱的，或利润是极薄的，因为利润薄且质量好，所以就必定是销量排名第一的。这些品牌家电企业赚钱主要靠创新，比如开发新家电或家电新功能，或采取了大幅度降低成本的新工艺。市场上其他小家电企业并无这款新产品，品牌家电企业就可以借电商排名第一大力推介新产品，靠一款产品就赚回来企业全年利润。再过三个月、半年，其他同款新产品出来竞争，利润再次归零，品牌家电企业就再开发新产品。在这样的竞争中，中国制造就可以保持长久优势，并且快速推进技术进步，实现产业领先。

丰富的制造业生态，配套的产业体系，必然会有与之配套的研发、融资、营销体系，因此，在沿海地区就形成了内部的产业分工。上海、深圳等沿海特大城市重点发展总部经济，集中于研发、品牌、品控、融资，而以昆山、东莞等附近地区作为生产基地。数量众多、具有活力的生产腹地企业为总部经济提供了产能，总部研发、品控、销售以及融资，为腹地企业提供了目标和方向，保证了产品的质量与销售市场。

在沿海经济发展的背景下，沿海地区很快就形成了不分城乡的区域经济，农村已完全融入城市中，通过农村工业化和城市化重新改造了区域城乡结构。比如珠三角之前的农村土地上已建大量厂房，农村不仅工业化了，而且城市化了。按体制的城市计算，沿海城市的建设面积都很有限，比如上海市中心城区面积只有664平方公里，包括郊区在内也才6340平方公里，而昆山一个县级市的面积就有931平方公里。深圳市国土面积有1997平方公里，东莞国土面积有2465平方公里。沿海城市经济带内，因为县域国土面积巨大，一个县往往有一到两千平方公里，就使得县域范围有着巨大的开发潜力。如果在发展乡镇企业阶段，村集体将较多农业用地用于搞建设，就可以形成大量集体建设用地，也就可以承接沿海城市经济带内的大量二、三产业。无论是珠三角地区还是长三角地区，都借助城乡建设用地增减挂钩政策，通过向农业型农村地区购买增减挂钩指标，将本地农田调整为建设用地搞开发。结果就是沿海城市经济带内的农村有大量建设用地，又有区位优势，二、三产业快速发展，经济持续增长，县域经济因此相当强。中国百强县、百强区、百强镇大都集中在东部沿海城市经济带，就不奇怪。

经过持续几十年的快速发展，当前中国沿海地区不仅已成为中国人口和经济密度最高的地区，实际上也已成为全世界人口和经济密度最高的地区之一。中国沿海地区的产业优势，以及由产业优势所推动的各个方面的优势越来越显著。沿海城市经济带的每一寸土地都可以发展产业。

也就是说，当前中国沿海地区因为高度密集的人口与经济总量，显著的竞争优势，已经形成一个不分城乡或城乡一体的沿海城市经济带。在这个城市经济带中，有体制上的城市比如上海，也有体制上的农村比如昆山。实际上，昆山市下面的乡村都已工业化，昆山经济已与上海经济高度融合，不同区位在高度融合的地域中分工合作，优势互补。

沿海城市经济带内仍然有农村、农业和农民，不过，因为沿海城市经济带内的农村、农业与农民已融入城市经济带内，已发生了名实的分离。从农村来讲，因为农村工业化，虽然仍然保留农村体制（县乡村），实际上农村的功能、工作重点都已发生巨变，并且与中西部农村区别开来。乡村工业化，集体土地用于搞建设，村集体就有了大量来自土地非农使用权的收益。即使集体非农使用的土地不多，地方财政也会提供较为充裕的转移支付，大量外来人口以及产业结构的改变则使村庄治理更加社区化。从农业来看，因为土地用途管制，虽然沿海城市经济带每一寸土地都适合搞建设，但那些农业用途的耕地只能用于农业。因为当地农民几乎都已进入二、三产业，沿海城市经济带的耕地集中流转给大户（多数为外来大户），也就容易发展规模化、机械化的农业现代化。从农民来看，当地农民早已进入二、三产业就业，农民生活市民化了，不同之处是他们比市民多一处宅基地，可以在宅基地上面建别墅，自住或出租。

在沿海城市经济带内，因为每一寸土地都适合搞建设，农村建设用地就具有很高价值。如果将农地非农使用，就可以带来巨额土地财富。显然，土地非农使用之所以可以带来财富，不是由于土地本身，而是由于沿海城市经济带内的区位。

所以，我们可以将沿海城市经济带看作一个不分城乡、城乡一体、城乡融合的城市带。沿海城市经济带内农村与中西部农业型农村，是完全不同的农村。它们已经不是传统上以农业经济和农村人口为基础的乡村空间，而是以工业经济与准市民为基础的城市空间，是区域城市经济社会体系不可分割的有机组成部分。

三、东西中国

　　我在20世纪90年代开始农村调研，当时有两个强烈感受：一是全国"三农"形势严峻，二是不同地区差异很大。严峻"三农"形势通过取消农业税而从根本上缓解了，区域差异则表现在两个方面，一个是从村庄社会结构差异而来的南北差异，一个是从经济发展水平而来的东西差异。在接下来20多年的调研中，可以明显感觉到南北差异正在缩小，东西差异正在扩大。当前时期，东西中国和城乡中国越来越成为主导中国的区域差异。

　　按前面关于城市沿海经济带的讨论，可以将东部沿海城市经济带看作一个整体性的城市。东部沿海城市经济带具有强大的聚集效应和规模效益，当前仍然是中国经济发展最快的地区，也是人口流入地区。虽然东部沿海地区行政建制很复杂，实际上却已成为一个有机的经济整体，具有世界上"湾区"特征。珠三角和长三角也有湾区建设的规划。我们以粤港澳大湾区为例，将中国的沿海城市经济带与其他世界级湾区进行比较（表5-1）。

表5-1　2018年粤港澳湾区与世界级湾区的比较

	粤港澳大湾区	旧金山湾区	纽约湾区	东京湾区
面积（万平方公里）	5.61	3.51	3.45	3.69
人口（万人）	7116	966.6	2268	4418
本地生产总值（亿美元）	16419.7	10642.5	20013.5	20091.8

　　数据来源：刘毅、王云、李宏：《世界级湾区产业发展对粤港澳大湾区建设的启示》，《中国科学院院刊》2020年第3期。

从以上四大湾区情况来看（见表5-1），粤港澳大湾区面积最大，人均GDP与每平方公里土地的GDP产值却最低。无论是在人口还是经济层面，我国的大湾区还有很大的容纳空间。实际上，整个东部沿海城市经济带都仍然处于成长阶段，人口增加，经济增长，未来在全国人口和经济占比中也会更高。

东部沿海城市经济带持续的人口增长和经济发展，高度密集的人口与经济就使整个东部地区无论城乡都变成了城市经济的内在有机组成部分，由此深刻地改变了东部地区的农业、农村和农民。其中最关键的是东部地区农民可以在不离村的情况下获得大量二、三产业就业机会。可以这样说，东部地区"三农"问题是城市内部的问题，是与中西部地区完全不同的问题。

相对来讲，中西部地区经济也在增长，人口却总体是流失的，中西部人口向东部地区流动是一直以来的趋势。从中西部地区内部来看，农村人口流入城市，越来越多中小城市人口流向省会城市和区域中心城市，也是趋势或规律。

结果就是中西部地区农村，农民快速进入东部地区或大中城市务工经商，农村出现了空心化和老龄化。中西部的农业、农村和农民问题与东部地区有完全不同的表征。

东西中国首先表现为东部地区以有限的国土面积容纳了远超过国土占比的人口与经济总量，从而使整个东部地区具有极高的人口密度和经济密度，东部地区已不分城乡变成了东部沿海城市经济带了。中西部地区除省会城市和区域性中心城市以外的广袤地区，人口和经济总量有限，农村普遍出现了空心化。可以说，相对于高人口和经济密度的东部地区，中西部地区本质上就是一个大农村。中国东西差异类似于城乡差异，东部地区不分城乡已成为一个巨大的城市经济带，中西部县以下的广袤区域缺少二、三产业发展的条件，因此是典型的农村。

从县域经济来看，东部地区的县域经济实际上是东部城市经济带内在有机组成部分，每一寸土地都适合发展二、三产业。因为县域往往面积广大，中心城市面积有限，在东部地区就形成了中心城市的总部经济和分布在县域范围的腹地经济的组合。县域成为东部地区的制造中心，大量外来劳动力进入，经济发展迅猛，土地大量非农使用且迅速增值。相对来讲，因为远离沿海城市经济带，中西部地区县域缺少发展二、三产业的区位优势，且缺少二、三产业发展所需要的基础设施和规模条件。中西部县域经济本质上仍然是农业和农村的，是为县域范围的农民提供基本公共服务的。

从农民问题来看，东部地区农民有大量家门口的二、三产业就业机会，他们早就进入二、三产业就业，生活方式市民化，仍然保持完整的家庭生活，不再依靠土地，已将承包地反租给村集体。因为村集体土地非农使用，村集体有较多租金收入，因此不仅为村民提供相对完善的集体福利，而且可能分红。村民也通过出租房屋来获得租金收益。此外，依托地方相对充裕的财政收入，他们也大多被纳入制度化的社会保障体系，能够获得体面的养老金，进一步解除市场化的后顾之忧。东部地区农民实现了就地城市化。与之同时，因为耕地资源有限，本地二、三产业就业机会有限，中西部地区农村青壮年劳动力不得不进城务工经商，而由年老农民留守农村经营农业，农民家庭普遍形成"以代际分工为基础的半工半耕家计模式"。农民家庭分离，正试图通过进城来完成家庭城市化的历史使命。

从农业来看，东部地区农村，农民主要收入不再依靠土地。村集体将承包给农户的土地反租到村集体，再按适度规模经营原则进行市场化的转包，愿意转包耕种土地的很可能是外地农民。因为土地不再需要承担社会保障功能，可以进行规模经营大力推进农业机械化，农业现代化进展也就更快。中西部地区农村仍然有大量缺少进城获利机会的弱势群体，尤其是中老年人，他们仍然要从土地获得收入、就业和意义，同时，进城农民普遍愿意保留农村承包地，以防万一进城失败时作为退路，因此，农村土地仍然小规模耕种，农业现代化水平较低。

从农村来讲，东部地区有着众多家门口获利机会，农民不离村就可以就近就业，村庄社会结构仍然完整。村庄土地非农使用，集体有大量土地租金收益，村级治理就更为正规。中西部农村出现了空心化和老龄化，村庄治理事务减少。农民进城不再需要宅基地，农村宅基地自动复垦为耕地。

从土地上讲，因为土地用途管制，东部地区基本农田也只能用于农业经营，其粮食生产能力与中西部农村基本农田没有本质差异。东部地区农民宅基地和农村集体经营性建设用地则因为处在沿海城市经济带的区位，而有很高价值。一块宅基地价值上百万元（虽然按规定不允许买卖），集体经营性建设用地更是价高，东部地区集体经济收入主要依靠集体经营性建设用地或在上面盖的厂房出租来获得集体经济收入。苏州市规定，集体收入低于400万元即为集体经济薄弱村。中西部地区农民宅基地自然退出，因为没有人要宅基地。农村经营性建设用地数量较少（20世纪90年代中西部地区关停乡镇企业后，大多将乡镇企业占用土地退为耕地），且即使有经营性建设用地，也因为缺少二、三产业使用而大多废弃了。在城乡建设用地增减挂钩的政策环境下，中西部农村有着很强的通过复垦宅基地和集体建设用地来换取指标费的积极性。实际上，最近十多年，全国普遍出现了中西部地区通过增减挂钩和占补平衡为东部地区提供建设用地指标的情况，结果就是东部地区大量基本农田被调整为建设用地，中西部地区农村建设用地被调整为基本农田。增减挂钩和占补平衡强调不能跨省，多表现为在省内发达地区与欠发达地区比如珠三角地区与粤东西北地区的土地指标交易。

从集体经济来讲，东部地区村集体经济往往实力强劲，比如上述苏州村集体年收入低于400万元就是集体经济薄弱村，中西部地区很多行政村却仍然在为集体经济年收入突破5万元而努力。

从村庄社会结构来看，东部地区家门口的就业，就使村庄仍然保持了相当完整的人口与社会结构。也因为家门口机会众多，村庄有通过办企业而收入远高于一般村民的富裕阶层，大多数村民则主要靠二、三产业就业获取收入，家庭收入有限。在村庄熟人社会中就出现了村民之间的巨大分化，经济上的分化很容易变成社会分层和社会排斥，进而产生村庄中的政治竞争和文化竞争。村庄最弱势农民在村庄竞争中失败，就会出现边缘反抗及宗教救赎。这方面尤其以浙江农村为典型。中西部农村，农村青壮年劳动力进城，农村主要是留守老年群体。同时，正因为农民进城让渡出之前的农村获利机会，农村不愿或不能进城的年富力强的中青年夫妇通过捕获这些获利机会而扩大经营规模，增加农村收入，从而变成了虽然留守农村收入却不比外出务工低，又保持了家庭生活完整的中农群体。中西部地区占比不大的中农与占绝对多数的老年人形成了一种有效的自生自发秩序。

无疑，当前中国东部地区经济发展，产业兴旺。在东部沿海城市经济带内的农村，虽然建制上仍然保持了农村体制，看起来仍然有农业、农村和农民问题，实际上，东部沿海地区的"三农"问题与中西部地区是完全不同的，甚至可以说是正好相反的。

有两种关于东部地区"三农"问题与中西部地区"三农"问题的认识逻辑。第一种认识逻辑是，东部地区"三农"工作走在全国前列，东部地区"三农"的现在就是中西部地区"三农"的未来。

学习东部地区农业、农村现代化经验，是中西部农业、农村现代化的必由之路。

第二种认识逻辑则是，东部地区的"三农"问题是城市内部有机问题的一部分，本质上是城市发展与治理问题，不再是单纯的"三农"问题。中西部地区的"三农"问题则是在城市不断从农村汲取资源情况下出现的"三农"秩序难以维系的问题，本质上是城市剥削农村情况下的"三农"问题。

显然，第一种认识逻辑是不符合现实的。因为中西部地区不再可能实现乡村工业化，并在此基础上形成城市经济带，中西部绝大多数农村地区都已经不再可能融入城市经济带内，农民只有离开村庄才能获得就业机会。从某种意义上讲，正因为已经形成了东部沿海城市经济带，中西部绝大多数地区就不再有形成人口与经济集聚经济带的可能。正是在这一意义上，东西中国不仅是指东西差距，更是指东西差异，即长期的经济分化使东部沿海农村与中西部农村形成了完全不同的经济社会结构，它们相互联系却各自构成了独特的社会类型。基于经济发展集聚效应带来的空间分化，这种东西差异不仅无法弥合，且将长期成为中国主导性的区域结构与区域秩序。

从这个意义上讲，当前东部沿海城市经济带内产生的各种农业现代化经验、美丽乡村建设经验、发展农旅的经验、集体经济建设经验，以及县域发展经验，都很可能是不适合中西部农村实际需要的。可以说，只有理解了东西中国的逻辑，才能够理解当前中国的复杂社会现实，建立正确的有关农村与农民的名实之辨，理解什么是"三农"问题，谁是真正的农民。

四、县域经济

湖北前任省委书记在一次讲话中说道，相比于浙江，湖北的差距并不在省会城市而在于县域经济。如果湖北县域经济能赶上浙江，湖北经济发展水平就不会低于浙江。大意如此。

这话说得对不对呢？还是很有道理的。因为作为省会城市，武汉和杭州经济总量差不多，甚至大多数时候武汉GDP还是高于杭州的。从县域经济来看湖北就远不如浙江了。2023年全国百强县，浙江有16席，排名大多靠前，而湖北只有5席，且全部排在后50位。从区域来看，百强县，东部地区占65席，中部地区20席，西部地区14席，东北地区仅有1席。排前20位的除湖南长沙、浏阳以外，均为东部沿海地区的县。

发展县域经济，好处不仅是推动了地方经济发展，而且可以实现农民就地城市化。发达的县域经济必然提供大量二、三产业就业岗位，从而可以为在县城买房农民提供稳定就业与收入机会，实现农民在县城的安居。

为推动县域经济发展，包括湖北省在内的几乎所有省区都出台了强县扩权政策，将之前省市所有的行政审批权下放到县一级，允许县级政府有更大决策权、审批权、融资权，以推动县域经济快速发展。从省市束缚中解放出来的县级政府因此都开始通过经营县城来大展宏图。最近几年，我接触过大概20位县委书记，几乎每位县委书记都有宏图大略，都有在任上几年彻底改变县域经济面貌的决心，其中关键就是经营县城。

经营县城，发展县域经济，起点是建设基础设施，终点是招商引资，发展产业，提供就业和创造GDP。最好的抓手就是通过土地财政，借助城投公司为县域经济发展开辟道路。

简单地说，县级政府通过征收农民土地形成建设用地，将建设用地拍卖给房地产商从而获得土地财政收入。同时，将县域范围所有公共资源清产核资，并将清产核资了的公共资源打包到城投公司，城投公司以公共资源作为抵押向银行贷款建设基础设施。地方政府还将征收来的建设用地划拨城投公司，以作为贷款抵押。这一方式可以使县级政府在短期内获得大量财政资金。

县级政府用拍卖给房地产商所获土地财政收入和城投公司抵押贷款所获银行资金，在全县进行重点投资，主要是建设基础设施，改善投资环境，打造产业园区。以中部某县为例，该县一年本级公共预算收入仅7亿元，依靠此种方式，仅3年就累计投入城市建设资金40亿元，扩展城区面积15平方公里。

良好的基础设施，强县扩权所下放的审批权，都是招商引资的条件。县级政府因此下达全员招商令，所有干部全员外出招商。一旦招商成功，产业发展，税收增加，进城买房农民就地就业，增加的税收用于偿还城投公司的银行贷款。或农民进城买房推动房地产商买更多地，以及政府储备土地增值，县级政府因此可以偿还债务。

县城经济繁荣，县域经济进入良性循环。

某种意义上，沿海地区百强县的发展就来自于当地政府经营县城所形成的良性循环。

现在的问题是，几乎所有中西部地区县级政府都有强烈的通过经营县城来发展县域经济、创造任期奇迹的宏伟蓝图。他们有能力征地，拍卖土地给房地产商，以及将县域公共资源打包给城投公司以获得贷款搞基础设施建设，他们所难以掌控的是招商引资，及资本落地后能否生根发芽。现实情况是，在沿海地区，因为具有良好区位，愿意来投资的企业很多，沿海地区所要做的是选商引资，腾笼换鸟。沿海地区中心城市就只愿意发展总部经济搞研发，以有更高税收。在不具备区位优势的中西部县城，无论地方政府如何建设基础设施，提供土地税收优惠政策，能来投资的往往是高污染低科技含量的产业，且这些产业往往会因为缺少配套，难以生根。在每一个县都争商引资的情况下，企业更多只愿意享受政策优惠，却很少能为地方经济发展做贡献。在中西部各个县竞相招商的情况下，由沿海地区淘汰出来的产能无法形成集中布局，就使得基础设施效率低，产业配套成本高，企业运转艰难，优惠政策期一过，招商引资来的企业或倒闭，或搬走了。结果就是，当前全国中西部县域经济中，大量产业园都空空荡荡。与空空荡荡产业园相匹配的就是城投公司贷款无法偿还，政府债务累累。进城买房农民没办法在县城稳定就业，不得不远走他乡务工。开发商的商品房卖不出去，政府储备的建设用地没有建设需求，之前为招商引资投入建设的基础设施出现了普遍的浪费。这正是当前中西部县域经济发展的现状。

扩权强县，就是将地市一级的权力下放到县一级。中西部地区，省下面设地级市，地级市下再设县或县级市，一个地级市下面一般设5—10个县或县级市。因为扩权强县，县级政府要实现宏伟蓝图，最重要的一环是争商引资。县级政府除与其他县级政府争以外，也会与地级市争，结果就是，固然县没有达到适度规模，地级市也因为被各个县来争而难以达到规模。扩权强县的结果就可能造成中西部地区缺少地域范围的统筹，更难形成经济的聚集。县级发展不了，地市也发展不好。

之所以中西部地区县域经济发展，学习东部沿海地区经营县城普遍不成功，关键原因有二：一是东部地区已经形成沿海城市经济带，在这个城市经济带内，每一寸土地都可以从规模经济和聚集效应上获益，因此，东部地区招商引资很容易而变成了选资引资。二是东部地区先行一步，一步领先步步领先。中西部地区学习东部地区经验，有了很高门槛，结果就是县域经济还没有发展起来就被地方债务压倒了。

具体而言，中西部地区的县域经济缺乏产业集聚与发展的系统性的经济社会生态，这种劣势在当前激烈的市场经济竞争中更加凸显。

一是县域经济缺乏基本的规模优势。在很多中西部地区，由于企业稀少，这些企业甚至难以支撑起完善的物流系统。这严重影响了企业与市场中心地带之间的互动。

二是县域经济不具备完备的工业链体系。当前城市经济发展的竞争已经从龙头企业之间的竞争转变为供应链之间的竞争，供应链的多元性和丰富性成了决定经济发展的关键。仅能招引少数企业，缺少完整产业集群的欠发达县域，其竞争力将会进一步下降。

三是县域经济缺少市场中心内部具备的信息优势与联动优势。在高度竞争、瞬息万变的市场中，有效市场信息与产业链之间的快速联动，大大增强了企业的市场反应能力。一旦企业落地于市场边缘地带的县域，市场敏锐性、反应能力将大大降低，从而增加风险，很容易在激烈的市场竞争中处于劣势。

四是县域经济不具备高质量劳动力的稳定供给市场。高质量劳动力既包括熟练的一线工人，也包括相对高端的管理与技术人才。这些人力资本的稳定供给是企业运行的基础条件。在沿海经济带与大中城市的虹吸效应下，高质量劳动力大量外流，绝大多数进入县域的企业都面临着招工难的问题，严重影响了企业应对变化市场的能力。

五是县域经济缺乏中产化的生活系统。要吸引、留住高质量劳动力，就必须为这些劳动力配备与他们生活品位契合的完备生活体系。这是一个相当复杂的系统，包括了衣食住行、休闲、交往等各个层面。近年县域城镇化带来了县城消费市场的扩张，但距离中产阶级的需求与品位却仍然有相当的距离。县域经济也支撑不起这种高质量的生活系统。

六是县域缺乏高质量的公共服务，兜底性的教育与医疗同样难以满足高质量劳动力的需求。

从规模效应到工业链体系，从高质量一线工人到高素质技术与管理人才，从正常化的生活体系到高质量公共服务，县域经济面临的不是某个具体环节的缺失，而是从经济系统到社会系统的全面约束。

县域经济发展不起来，农民就业就成为问题。就业是农民进城的前提，就业的基础来自制造业以及附着在制造业上面的服务业。无论是中西部的地级市还是县，如果没有发达的制造业，就不可能创造出大量的就业机会，农民进城就待不下来。

在当前沿海地区制造业形成压倒性优势的情况下，中西部地区的省会城市和区域中心城市仍然具有发展制造业、提供大量城市就业的机会。作为区域性的经济中心，省会城市和区域中心城市可以达到规模经济和形成聚集效应。区域中心城市大多只能到地市一级，仅有极少数可能到具有良好区位条件和产业基础的县一级。

中西部区域中心城市之间其实也是存在着竞争关系的，且一定会形成马太效应。只有那些集中资源发展的区域中心才会迅速提高经济能级，将区域性市场机会吸引过来，将发展资源分散到市县的区域中心城市则可能因为相对劣势而衰落下去。

可以预计，中西部地区未来的城市发展格局大概是，省会城市作为全省行政中心，也大多是教育中心、交易中心和交通枢纽，因而可以保持区域经济中心的地位。在省以下的地级市，如果经营得当，区位不是太差，就有可能发展成为区域经济中心。少数区位差、规模小且经营不得当的地级市，很可能与周边地区发展差距越来越大，无法成为区域经济中心。个别区位良好、经营得当的县也有可能成为区域经济中心。

区域经济中心竞争的一个重要措施是集中力量建设地级市，尤其将可以容纳大量就业且可以为第三产业提供基础的第二产业主要集中到地级市，县一级主要职能则是重点服务"三农"。若如此，中西部地区的县域经济发展就不应当学习东部地区经营县城的经验，当前中西部地区普遍推进的"强县扩权"政策方向就应当调整，县域经济发展的重点就应当重塑。

如果县域经济的重点不是发展产业而是服务"三农"的话，那么，县域发展的重点就应当转到为农民提供公共服务的主业上来。

当前县域范围内的农民无非有两种，一种是仍然在种田的从农村获得收入的留守农民，一种是外出务工经商的农民工。县域的重点就是为这两个农民群体提供服务，也主要依靠这两个农民群体来获得发展动力。

当前农民城市化的第一步是进城务工经商，获得进城的第一笔资源。农民往往是到沿海地区或区域经济中心务工以获得较高务工收入，他们却只有在县城买房的能力，且他们往往要将留村务农父母的积蓄也拿来在县城买房。就是说，农民在县城买房耗尽了农户从务工和务农中获得的所有收入。在县城缺少就业机会的情况下，农民之所以在县城买房，是为了让子女在县城获得更好的教育、医疗服务。不过，在县城买房农户很可能因此不得不出现"一家三制"的情况：年老父母留守务农，年轻子女到沿海务工，年幼儿童在县城上学而由妈妈或奶奶陪读。农民在县城买房了，却难以在县城扎根，因此，农民进入县城只可能是他们进城的第二步。接下来他们还要向区域中心进发。

如果农民进入县城是阶段性的，那么，鼓励农民进城买房，推动县城建设，将乡村教育、医疗资源集中到县城的做法，将县域经济发展的重点放在县城的做法，发展县城房地产并将农民务工和务农的几乎所有收入都吸纳到县城房地产上的做法，都值得商榷。

从某种意义上讲，中西部县级政府主要统筹协调农民公共服务和鼓励农户直接到具备就业条件的城市买房安居，才是县级政府的正确选择。

对于东部沿海城市经济带内的县域经济来说，正是县域经济构成了发达的沿海中心城市的腹地，县是沿海城市经济的脚。对于中西部地区来讲，县域经济的重点应当是服务于"三农"，包括为农民进城提供助力。特别重要的是，农民进城并不一定是进到县城，且很可能不是进到县城。

五、接力式城市化

改革开放之初的1978年，中国城市化率为18%，一直到2000年中国城市化率才36%，2023年中国城市化率已达到了惊人的66%以上。城市化就是农民进城由农村居民变成城市居民的过程。城市化率也是按居住地进行统计的。

中国农民城市化实际上是一个相当复杂的进程，而不是简单的农民从农村搬进城市，从而一次性完成城市化的。

农民进城，总是在农村劳动力有剩余的情况下，青壮年农民从村庄出发，进城务工经商，他们的父母和子女仍然留村；进城农民在城市获得了稳定就业与收入机会，就开始在城市扎根，他们将自己留守农村的父母和子女接到城市；大部分进城农民难以在城市获得稳定就业与收入，他们的父母和子女留守农村，自己年老再返回农村，成长起来的子女再进城；进城农民刚开始只能在县城买房，县城却没有足够的就业机会；进城农民在县城往往只做短暂停留，然后就再次向区域中心城市进发；即使有条件随子女进城，很多农村老年父母仍然愿意回到村庄养老；经济景气时会有更多农民进城，经济回落时很多农民选择返回农村；农民进城一般都会保留农村退路，很少有农民进城即断绝与村庄的联系；即使农民进城了，他们也愿意保留农村户口和集体经济组织成员身份，一方面是为了留下退路，另一方面也有乡愁的意味，等等。

改革开放以来，中国大部分农民家庭没有完成城市化，仍然处在接力式进城过程中。就是说，当前中国66%的城市化率中，有相当一部分进城农民仍然可能返回农村，更重要的是，进城农民往往与农村保留着千丝万缕的联系。

具体来说，改革开放前，国家实行城乡二元体制，受户籍约束，农民进城变成城市人的机会相当有限，主要有考学、参军、提干等有限的途径。在20世纪70年代，农民除农业收入以外，还可以通过离土不离乡、进厂不进城，在乡镇企业获得收入。到80年代，农村大量劳动力从农业中释放出来，进入城市务工经商。进入21世纪前，甚至21世纪的前10年，农村剩余劳动力进城务工经商，目标都是更好的村庄生活。他们将城市务工经商收入带来农村，农村在城市资源的浸润下变得更有活力。

得益于国家政策调整，更得益于农民进城积累的资源和形成的新生活方式，进城农民开始不再将进城当作增加收入的临时机会而当成了目标本身。之前农民家庭通过"以代际分工为基础的半工半耕"，将城市务工收入带回农村，农村变得繁荣，现在却是通过"半工半耕"渠道用农户家庭中的务农收入支持进城。

即使有务工和务农的两笔收入，农户进城也只有能力在县城买房。县级政府希望通过经营县城来推动县域经济快速发展，经营县城的基本操作是在县城建设商品房。让农民进城买房。为鼓励农民进城买房，经营县城的一个办法就是让优质教育、医疗资源集中到县城，同时有意无意通过婚姻推动农民进城买房。比如现在全国相当一部分农村地区，娶媳妇的标配就是在县城买一套商品房。农民买房多了，开发商愿意进来，县城土地价格与需求规模自然上涨，政府就可以获得大量土地财政收入。由此，在理想状态下，政府投资建设基础设施，开发商建设商品房，农民进城，县城就变得更加繁华。

农民在县城买房的优势很多，择要至少有以下四点：第一，房价便宜；第二，有很多同村熟人在城市买房；第三，县城离家乡近，回到农村家中方便；第四，在县城入学、就医都很方便。

在县城买房的最大烦恼是县城缺少稳定的就业与收入机会。相比农村，县城生活成本又很高。因此，在城市买房的农户，年幼子女在县城上学，年轻夫妻到沿海务工，年老父母留村务农，由奶奶或妈妈在县城陪读，出现了更为严峻的家庭分离现象。在县城的表现就是，即使商品房卖出去了，也不少无人居住。

在沿海务工时间长了，年龄大了，就要开始返乡。很少有在外务工农民一次性直接回到村庄，而往往会有比较复杂的过渡，其中最典型的过渡是，利用自己在外务工几十年的积蓄回到县城开门店，希望借这个门店来保持不远离家乡情况下面的基本收入水平。很遗憾的是，县城产业人口有限，回乡创业农民却很多，竞争激烈，结果是大多数回到家乡县城开门店的返乡农民，仅仅一两年，所有积蓄都作为成本花掉了，却没有收入，真正一夜回到解放前了，也就只好再外出务工。县城门店转手率非常高，每一次门店转手都有一个农民工家庭的悲情。实际上，农民工返回家乡创业也大多很难成功。这些失败的农民工就被迫重新返回城市。

因此，农民工在沿海与家乡、城市与村庄之间会有很多次往返。在父代支持下，子代在城市买房且安居下来。父母年老后一般也不愿意与子女在城市同住，因为与子女住在一起不自由。老年父母因此即使有条件在城市生活也还是愿回到农村。

因为中西部地区县城普遍缺少二、三产业就业机会，进入县城往往并非农民进城的终点，他们在积累了足够经济实力后，就会想方设法进入区域中心城市。

值得注意的是，即使农民进入区域中心城市，他们也不会随意断绝与农村家乡的联系，原因一是为防万一，二是家乡是乡愁，是永远的宗教。

农民进城过程具有明显代际接力的特点，上一代尽全力支持下一代到城市扎根。正是通过一代又一代接力，中国城市化具有很高质量，实现了快速而高质量的城市化。代际接力表现在两个方面：一方面是合全家之力支持子代在城市安居，比如父代支持子代在县城买房；另一方面是合全家之力支持子代接受更好的教育，积累更多人力资本，比如通过在县城陪读，让子女接受更好的教育，从而有能力在区域中心城市就业，并因此在区域中心城市扎下根来。

也就是说，改革开放以来，中国农民家庭通过代际接力进行的城市化，一方面表现为农民家庭逐步从农村到城市，从县城到区域中心城市的接力，一方面又表现为父代对子代进城的无条件支持托举。两个方面合起来，就是经过农民家庭几十年的努力，中国可以用不超过三代人的时间完成高质量的城市化。

当前农民城市化进程有两个可以避免的政策误区需要讨论。

第一个政策误区是鼓励进城农民工返乡创业。当前城市有着远比农村多得多的市场机会，农村市场机会则很有限，返乡创业农民工很少有成功的，包括返回县城开设门店也大多以失败告终。

第二个政策误区是鼓励农民进县城买房，甚至通过教育进城来迫使农民进县城买房。这里面存在的最大问题是，中西部县城缺少稳定的就业机会，通过经营县城，将农户的农业收入与务工收入变成了耸立在县城的商品房。因为缺少就业机会，农民在县城买房却无法安居，县城新区成为鬼城。

既然中西部地区绝大多数县域经济发展空间有限，县域经济的重点是为农民提供公共服务，很难为农民提供稳定就业机会，县级政府就不应当鼓励农民进县城买房，而应当统筹农民进城与农民对基本公共服务尤其是教育服务的需求，为农民顺利进城提供支持与保障。这里的农民顺利进城，包括农民一次性进入区域中心城市，和农民子女可以接受较好教育两个方面。

中西部地区农民进城并不一定非得通过县城这个中转站，更不一定非得进到县城。农民城市化最终落脚点一定是具有稳定就业机会的区域性中心城市。在农民城市化进程中，重要的不是通过发展县域经济来为农民提供在县域范围完成城市化的机会，而是要想方设法让农民在城市化过程中少走弯路，以最小代价最低成本和最短时间完成城市化。同时，县和乡镇一定要保护好进城农民在农村的最后退路，以及那些缺少进城能力的留守村庄弱势农民群体的基本保障。

六、中国土地制度的宪法秩序

　　2009年读到时任国务院发展研究中心农村部副部长刘守英研究员的一篇论文，他认为，应当鼓励农民自主的城市化，所举例子为北京五环到六环之间的郑各庄村，依靠农民自主城市化，不仅让郑各庄农民赚了大钱，而且为北京提供了大量住房，缓解了北京住房供需矛盾。郑各庄距离天安门20公里，允许郑各庄用集体建设用地盖商品房，当然可以让村民致富。问题是，这样一来，郑各庄村农民不用付出任何劳动，就可以人人暴富，就是将特定区位土地增值收益不再归公，而是归私，农民成了新时期的土地食利者。世界上没有无缘无故的财富，按刘守英推进农民自主城市化的建议，结果就只可能让处在特定区位的农民独占城市扩展和经济发展所带来的土地增值收益。特定区位农民一夜暴富，就必定有地方要付出代价。刘守英所谓农民自主城市化，不过是主张农村土地私有化，以及农民可以自由决定土地用途，并因此成为土地食利者，特定区位土地涨价归私而不归公。实际上，当前中国土地制度是经过新民主主义革命和社会主义革命，消灭了土地私有制，也消灭了土地食利者的土地公有制，且早已确立"地利共享，涨价归公"的土地制度宪法秩序。中国土地制度的宪法秩序，是改革开放以来中国快速现代化和高质量城市化的一个公开的秘密。

　　20世纪70年代发展乡镇企业，农村占用土地相对宽松。只要有建设需要，村社集体就可以用集体土地搞建设。1986年国家虽然出台《土地管理法》，土地管理仍然比较宽松，严格土地用途管制是2004年《土地管理法》修正，国家建立土地督查局，以卫片作为执法依据之后。

依据1998年修订的《土地管理法》第43条："任何单位和个人进行建设，需要使用土地的，必须依法使用国有土地"，同时也有例外条款，即兴办乡村企业，农民宅基地、农村公共设施建设可以用集体土地。2019年修正时，允许申请集体经营性建设用地搞建设，前提是符合规划和用途管制。

2004年以前，《土地管理法》实施不严甚至还没有出台时，全国蓬勃发展的乡镇企业占用的是农村集体土地，一般是在集体荒地上搞建设，也占用了很多耕地。进入20世纪90年代，随着乡镇企业的关停，全国绝大多数地区乡镇企业占用的土地都退为耕地，也就很少存在后来成为历史遗留问题的农村集体经营性建设用地。

不同之处在于，沿海地区使用农村集体土地搞建设，这些土地绝大多数未复垦为耕地，而是连续作为建设用地在使用，这就是后来被称为农村集体经营性建设用地的主要部分。全国目前大概有4000万亩集体经营性建设用地，90%集中在东部沿海地区。

东部沿海地区集体经营性建设用地有三个代表性的区域类型。一是以苏南为代表的集体办乡镇企业占用土地所形成的集体经营性建设用地。后来乡镇企业关停了，集体建设用地仍然在，被地方政府和村级组织用于建厂房招商出租，成为当前苏南重要的建设用地。二是以浙江为代表的家庭小作坊，刚开始只是"前店后厂"，利用自家宅基地搞经营，又逐步利用村庄中空地荒地开办工厂，后来国土部门通过罚款而使这些违法占地合法化了。三是珠三角地区，五个轮子一起转，市、县、乡、村、组五级招商。之前农民用于种粮的土地开始办工厂，"三来一补"经济快速发展，大量集体土地包括耕地用于建设。

在《土地管理法》没有出台或刚出台不久，土地管理并不严格的情况下，沿海地区使用集体土地搞建设就成为既成事实和历史遗留问题。1998年修订《土地管理法》，规定："任何单位和个人进行建设，需要使用土地的，必须依法使用国有土地。"随着《土地管理法》的严格执行，不经过国家土地征收就用农村集体土地搞建设的历史就不再存在了。2019年修正的《土地管理法》允许申请集体经营性建设用地搞建设，实际上是解决历史遗留问题，以在法律上激活全国已形成的大约4000万亩集体经营性建设用地权能，是一个折中办法。

根据《土地管理法》"任何单位和个人进行建设，需要使用土地的，必须依法使用国有土地"的规定，郑各庄农民不能在村庄的土地上建商品楼卖给北京市民，搞所谓的自主城市化。土地不仅公有，而且进行严格的用途管制。

正是通过土地公有和用途管制，才可以做到"地尽其利，地利共享"，这也是中国创造经济奇迹的一个基础条件，尤其表现在城市建设方面。

进入21世纪，中国经济持续多年以两位数迅猛增长，城市化快速推进，城市化率2000年约为36%，2023年达到约66%。20年多一点时间，城市化率竟然提高了30个百分点，每年城市化率提高一个多百分点。经济快速发展，城市人口快速增加，城市就要用更多土地搞建设。

城市搞建设需要土地，就要从郊区农村征用农民集体土地。向农民征收土地要给农民土地补偿和劳力安置费，全国大致是以土地产出的30倍进行补偿，一亩地征地费只有几万元。征收的土地变成国有建设用地，通过招拍挂供给需要建设用地的单位和个人。在建设用地相对稀缺且具有良好区位的情况下面，征收农民集体土地而来的国有建设用地会形成巨额增值收益。征地补偿一亩只有几万元，拍地价格却可能每亩高达几百万元。卖地价格与征地价格之差即为土地财政收入。地方政府用土地财政建设城市基础设施，改善城市生产生活环境，使城市变得更加适宜于市民生活和企业生产。城市良好生产生活条件吸引更多企业和人口进入，经济继续发展，人口继续增加，城市规模继续扩大，因此就继续要从郊区农村征地，再卖地，获得更多土地财政收入，建设更好的基础设施，提供更好的生产生活条件。城市建设进入良性循环，"中国城市像欧洲"就不只是一句空话。

之所以作为发展中国家的中国城市可以媲美欧洲，很重要的一个原因就是中国城市发展中，可以通过中国土地制度（土地公有，用途管制）实现城市发展过程中的以上良性循环。简单地说，中国土地制度的宪法秩序决定中国消灭了土地私有制，以及因此消灭了土地食利者阶层。城郊农民不能因为恰恰地处城郊，就可以独享农地非农使用所产生的巨额土地增值收益。法律原因是土地本来就不是农民个人而是村庄集体的，且土地用途是受管制的；经济原因则是，土地非农使用所产生的增值收益来自城市经济发展。城市二、三产业发展带来了对建设用地的需要，城郊土地非农使用所产生的巨额增值收益，不过是城市经济发展附着在土地上的收益。刘守英所主张的郑各庄所谓农民自主城市化道路存在的问题是，将城市发展所带来的附着在特定区位（郊区）土地上的增值收益留给了并无贡献的农民。郑各庄农民一夜暴富，成为土地食利者，地方政府也就不再可能获取土地财政收入，也就没有能力建设良好的城市基础设施，城市发展的良性循环就会中止，中国城市当然也就不可能像欧洲。

那么，地方政府从城郊农村低价征地而高价卖地是否侵犯了农民利益呢？当然没有侵犯农民利益，因为政府已按土地原有用途进行了30倍的补偿，且很多地方政府在征地时，给予被征收土地的村社集体5%的留用建设用地，这个5%留用建设用地价值巨大。征收农民土地的同时，也要征收农民住房，住房往往按同面积商品房置换，多数农民都因此一次性有了几套城市商品房。因此在中国快速城市化的同时，也出现了普遍的"拆二代"的说法。拆迁可以致富，农民盼拆迁，这也是一个常识。

沿海城市经济带在国家严格实施《土地管理法》之前，已在大量农村集体土地上面搞了建设，沿海地区在农村出现了事实的土地食利者。这是既成事实，也是历史遗留问题。到2019年修正《土地管理法》前，几千万亩已经搞了建设的农村集体经营性建设用地如何盘活，成了问题。《土地管理法》在2019年的修正版中，允许集体经营性建设用地入市，显然只是要解决历史遗留问题。吊诡的是，有很多学者却试图借此来否定中国土地制度的宪法秩序。

具体如何盘活农村集体经营性建设用地，解决历史遗留问题，是在"三块地"改革的名义下面进行的。"三块地"改革即征地制度、集体经营性建设用地制度和农民宅基地制度的改革。农民宅基地是作为村社集体成员从村集体免费获得且无偿使用的建设住宅的土地，过去宅基地管理不严，普遍存在一户多宅，宅基地面积超标的问题，也有个别农户没有宅基地。这也是历史遗留问题。不过，对于中西部农村来讲，农民正在进城，他们之所以不立即退出宅基地，是担心进城失败了还要返回农村。一旦进城农民可以在城市扎根，他们自然会退出宅基地，这是一个自然而然的过程，完全没有必要着急。保留一点农民宅基地应退未退的资源冗余，就是对农民进城多一点耐心，可以提高现代化过程中可能出现的惊涛骇浪的应对能力。进城农民晚几年退出宅基地，作为土地的宅基地仍然在那里。中国当前粮食并没有紧张到非要复垦农民宅基地的程度。

之所以很多人打农民宅基地的主意，是因为他们认为，宅基地是建设用地，建设用地可以卖出高价。如果允许农民出卖宅基地，就可以让农民获得财产性收入。现在农民有宅基地却不允许卖，就是捧着金饭碗讨饭吃。这种认识很荒谬，却一直相当主流。如果农民宅基地恰恰在城中村，一定可以卖出高价，若在沿海城市经济带内也可以卖出高价，而之所以可以卖出高价，并非因为是宅基地，而是因为宅基地所处的特定区位。土地不可移动，特定区位的土地因为二、三产业发展而附着了大量非农收益。国家正是通过对土地用途管制来做到"涨价归公"，这也是土地财政的基本原理。在沿海城市经济带内，无论宅基地还是集体经营性建设用地，都因其区位而有远高于农业用途的增值收益。这个收益来自二、三产业发展，本来应当归公，只是过去特定历史条件造成历史遗留问题而让"涨价归私"，形成了特定的食利群体。好在规模不大，人数不多，问题不严重。如果将这种"涨价归私"作为农民可以不劳而获得财产性收入的良方，显然就是误解了土地的本质与中国土地的性质。

严格地说，中西部农村，农民宅基地大多只是一块荒地、旱地、坡地，其价值远不如农地。在城乡建设用地增减挂钩的政策设计中，因为可以通过复垦农民宅基地来获得城市建设用地指标，而将农民宅基地复垦价格炒到50万元/亩，远远高于农地。一种相当主流的观点认为，应当允许农民宅基地入市，不能就地入市就通过置换指标入市。2019年通过的《土地管理法》修正案允许农村集体经营性建设用地入市，显然只是要解决历史遗留问题。如果再允许2亿多亩农村宅基地置换指标入市，同时不再允许地方政府强制征收农民土地，那么，就一定会在中国城市郊区出现一个庞大的土地食利阶层，中国城市建设中的前述良性循环也就不再有了。中国土地制度宪法秩序也就不存在了。

有的地方政府强制推进合村并居，试图将农民的住房拆掉，搬到集中建的楼房，以腾退出农民宅基地来获得城市建设用地指标，再用卖出建设用地指标的收益来拆农民房子和新建农民入住的楼房。他们的想法是，拆掉农民房子腾出宅基地卖钱，用来建集中居住的楼房，是一举多得：农民集中住到楼房上面了，腾退出来的宅基地变成了耕地，宅基地指标卖钱了，城市买了建设用地指标可以征收更多土地搞建设，等等。他们的错误在于：拆农民房子和建农民房子都是要钱的，腾退出来的宅基地复垦为耕地也要钱，复垦出来的耕地出租种粮食，每亩的租金最多不会超过1000元。他们为什么认为合村并居拆农民房子可以一举多得呢？其中关键是他们认为农民宅基地复垦形成的城市建设用地指标值钱。他们没有算到的是，如果农民拆房子可以拆出2000万亩指标，而地方城市建设每年最多只需要几十万亩指标，多余指标卖给谁去？且指标本来是国家计划管理的产物，何以可以通过市场来白白赚钱？结果是合村并居遭到农民的强烈反对，终于半途而废。

也就是说，有些地方政府的领导对宅基地认识的误会，造成了巨大损失甚至灾难。

有些专家也到处讲应当让宅基地入市，因为宅基地里面有上百万亿资产。

实际上，农民宅基地就是村庄中农民用来建房子的一块荒地、旱地或坡地。当前农民进城但并不稳定，大部分进城农民还没有在城市扎根，允许他们在农村保留宅基地，让农民万一进城失败时还有退路，十分重要。农民宅基地退不退出，是否复垦，作为国土都会在那里，晚一点退出，让进城农民多点万一进城失败还可以退回农村的安全感，让农民退出宅基地比进城晚半拍，不要紧。目前中国粮食没有紧张到必须将农民宅基地复垦种粮食的地步，农村宅基地就是一块普通的土地，没有什么神奇，更不是农民的金碗，不要指望靠所谓盘活宅基地来为农民增加财产性收益。凡是打农民宅基地的主意，在宅基地上折腾的，都是既蠢且坏，是要不得的。

不仅不要折腾农民宅基地，也不要折腾耕地。土地具有两重性，一重是作为不可移动的区位，一重是生产粮食的能力。经济发展、城市扩张，总要在土地上搞建设，且经济发展与城市扩张总是要形成聚集，内部要交通方便，基础设施完善，因此就要在特定区位进行规划，就需要通过占有特定区位的土地来达到区位内的生产与生活便利。城市建设和二、三产业发展所需土地远比农业要少得多，目前全国城市建成区面积加起来也不过6.24万平方公里（住房和城乡建设部，2021年末），合计9360万亩。相对于当前中国144亿亩国土面积和20亿亩耕地，目前城市建成区面积并不大。未来城市实际也许还要3000万亩建设用地甚至更多。考虑到农民宅基地总量超过2亿亩，仅按1/5退出，就可以复垦出大大超过3000万亩耕地。全世界没有哪个国家是因为土地资源不足才没有实现现代化的，全世界也没有哪个国家是因为土地资源充分才实现现代化的。中国农业发展和粮食安全并不恰恰缺这几千万亩耕地，中国现在处在经济增长和城市发展的关键阶段，非得发明出永久基本农田，以构成对经济增长硬约束，就不是明智之举。

当前中国城市化与耕地保护的尖锐矛盾在于，城市往往要建设在平原上、水源边，这恰恰是最好的耕地。保护耕地，划出永久基本农田，以土地利用规划来引领城市发展规划，结果就是让经济密度高几个数量级的城市规划服务于土地利用规划和农业生产规划，这样就用土地粮食生产功能压倒了土地区位的重要性。

实际上，当前中国城市化已接近完成，要占用耕地并不多。占用耕地，通过合理规划提高城市生产生活效率，创造更多物质财富，将城市创造出来的物质财富用于改造其他区位的耕地，再差的土地都可以改造好，何况当前中国还有如内蒙古这样的省份，那里有面积巨大的荒地可以改造。当前和未来中国都不缺土地，但在当前时期中国必须要抓住抓紧现代化的窗口期，将经济搞上去。

永久基本农田的划定不能影响城市生产生活的便利，土地非农化非粮化不能绝对化。不折腾土地，辩证看待粮食问题，用空间换时间，充分发挥当前中国不同区域的比较优势，不能不计成本不惜代价地为保护耕地牺牲经济效率，将东部沿海地区占用耕地所创造出来的巨额收益的一部分用到诸如内蒙古、东北这些荒地面积广大的地区，就可以开垦出高产粮田。

同时一定要记住，即使是中西部农村的土地，最重要的功能之一是为缺少进城机会的农民弱势群体提供保障，而非只是生产粮食。

第六篇

如何认识中国

一、乡村研究的国情意识

我在20世纪90年代开始进入学术界，进行调查研究。90年代中国思想界关于主义的争论是很激烈的。我研究生专业是政治学，政治学中就有很多抽象的大词，比如民主、正义、人权，都是超越具体地域条件，放之四海而皆准的一般真理。

研究生毕业后回到荆门老家工作，有机会较多地接触"三农"问题，也开始在全国做调查。越是调查，越发现实践中的问题与学术界的想象和思想界的争论不大一样。我可以算是最早做村庄民主研究的一批学者。当时学界讨论的是如何从村一级开始民主选举，再到乡镇，一级一级向上发展直接选举。这是当时学术界尤其是政治学界的共识或期待。我在全国农村调研却发现，即使村民选举这个事情也不简单，不同地区村民选举的情况或效果是完全不同的，村庄民主受到村庄社会结构的决定性影响。我因此开始从村庄社会结构角度来理解村级治理，而不再局限于民主角度。这些研究成果于2003年以《乡村治理的社会基础》（生活·读书·新知三联书店出版）为书名出版。对"三农"问题的关注又将我从抽象的主义之争中解放出来，进入到对中国国情和农情的研究，相关研究2004年以《乡村研究的国情意识》（湖北人民出版社出版）为书名出版。离开对中国国情的深刻了解，离开对中国社会本身的深刻了解，脱离时空条件的抽象争论是没有意义的。

世纪之交，邓正来等人在中国学术界发起学术研究本土化和规范化的运动。本土化是针对食洋不化，规范化是针对大而无当。如果邓正来先生还在世，他一定既对本土化感到失望，又对规范化感到失望，因为当前中国学术研究很奇怪地走向了精致的对话式研究的泥潭，用项飙的话说就是学术研究变成了最内卷的工作，没有本土化却过度规范化了。

出于对学界既有研究的不满意，2001年我执笔写了《村治研究的共识与策略》一文，提出"田野的灵感、野性的思维、直白的文风"，作为对华中村治研究团队的要求，此后它也就成为华中乡土派学者的共识。[1]"田野的灵感"是说学术研究的问题要来自实践，中国学者要以理解中国式现代化为使命，前提就是要深入到中国现代化的田野中，从实践中提出问题，认识实践，理解实践，并可以指导实践。"野性的思维"是说，学术研究不能只有对话，还要丢掉拐杖，直面问题。学科、理论、方法都不应当是束缚我们认识中国的障碍，而应当是解放我们认识的工具。我们把所有可以运用的理论和方法都当作资源来认识中国，而不是或不只是用中国经验去验证理论。"直白的文风"是说，学术研究不应当人为筑起壁垒，要讲人话，要将问题说清楚而不是弯弯绕。"直白的文风"为多学科交流，为与经验本身的良性互动提供了条件。只有用大白话可以讲清楚的问题，才是具有确定内涵、对读者友好并可以引入多学科理论资源进行讨论，因此可以深入研究的问题。直白并非肤浅，或者说直白的目标是真正的对实践的深刻认识。

当前时期，中国学界存在的最大问题是，全国有几十万社会科学工作者，发表了大量论文，出版了大量专著，中国学界却对中国

---

[1] 徐勇、吴毅、贺雪峰等：《村治研究的共识与策略》，《浙江学刊》2022年第1期。

实践中的问题缺乏充分的认知。学术研究脱离实践自说自话的典型表现就是通过不断打补丁的自圆其说，将清楚明白的问题变成烦琐哲学。"三农"研究中，盲目跟风、似是而非、自娱自乐、烦琐空泛，很多所谓的研究没有抓到中国"三农"问题的关键，更不用说指导"三农"实践，就是找到"三农"问题在哪里的也不多。学术研究脱离实践，既不能认识实践，更不能改造实践，不仅没有让人认识理解当前的"三农"实践，反而让人更加迷糊。甚至可以说，当前中国式现代化实践中几乎所有重大问题，学界都缺乏理解，甚至连实践本身是什么都没有搞清楚，简直是以其昏昏，使人昭昭，遑论深刻认识实践，为实践提出建设性的理论指导意见了。

中国学界出现问题的原因很复杂，除了学术功利化以外，还有两个重要原因。一是改革开放以后，中国学术与西方接轨，翻译西方经典，研读西方文献，学者丧失学术自信，西方学术刊物变成了顶级期刊，中国学者的学术研究成果以在西方的尤其是美国的学术刊物发表为最高评价标准，研究丧失了主体性，这方面尤以经济学为典型。二是学术研究分科过细，过于专业，缺少对中国式现代化实践的整体理解。

20年来，我本人在主持华中科技大学中国乡村治理研究中心期间，在学生培养和学术研究方面采取了一些有针对性的办法。

在学生培养方面，20年来一直坚持"两经一专"的培养办法。"两经"即经典和经验，"一专"即专业化。读经典主要是读社会科学经典著作，以学习理论和方法，提高社会科学分析能力，具备严密的逻辑思维能力，将理论内化为一般化的个人能力。读经典与学习教科书知识不同。教科书最大的问题是只有结论，缺乏如何得出结论的推导。教科书知识背得多了就会成为教条主义，只能用教科书中的理论套经验，结果总是经验错了而理论是不会错的。研究生期间，用两到三年时间体系化阅读100多部经典，是做社会科学研究的基础。做经验则是让研究生尤其是博士生花大量时间到经验中浸泡，形成对经验的一般化的感知能力和把握能力。经验训练的根本是到田野中浸泡，通过前期田野浸泡，学会想事，具备想事的能力，习惯于从事情本身的逻辑出发思考问题。因此，经验训练特别反对到田野现场搜集资料。做经验的根本是改造研究者思考问题的方式。"两经"所训练的都是一般性能力，只有具备了一般能力，才能真正专业化，做好专业研究。

某种意义上，经验训练是一个长期的过程，我称之为"饱和经验法"，即一个学者应当长期浸泡到经验中，不断获得经验的意外，从而改造自己对经验的认识。经验一旦到了饱和状态，就会有理论成果析出，这就是学术创新。长期饱和经验训练会形成我们所说的"经验质感"，这种"经验质感"就好比语言学习中的语感、骑自行车的平衡感，是通过长期训练所获得的一种身体本能，是学术悟性，是社会学的想象力，是经验还原能力，是见一叶而知秋的能力。

经过饱和经验训练，具备了经验质感，就具备了将田野中的各种偶然性还原为内在机制的能力，就可以从经验的土地上长出社会科学理论来。

社会科学研究并非一次完成的，而总是要有一个正反合的阶段，从经验中提炼出理论性认识，再回到经验中检查，不断反复，就可以形成比较全面、比较深刻、比较完善也比较能够认识和解释实践且能改造实践的理论，这个过程就是"经验—理论—经验"的社会科学研究的大循环。中国社会科学研究的大循环与以对话为目标的"理论—经验—理论"的小循环是完全不同的。

只有坚持社会科学研究的大循环，持续从中国式现代化实践中获取理论营养，中国社会科学才能建立自己的主体性，才能变成真正中国的社会科学。

二、社会科学主体性

2011 年前后，我们提出建设有主体性的中国社会科学的目标。之所以会提出这个目标，是因为我们感觉到中国社会科学研究似乎失去了目标与方向，将社会科学研究与发表论文画上等号，发表论文的期刊又分出高下，最高等级的学术期刊是所谓国际顶刊。能在国际顶刊发表论文，就可以获得学术地位与荣誉，就可以在体制内占据重要位置，就可以在学界复制这套学术标准，结果就是中国社会科学丧失了主体性，中国经验变成了验证西方理论的材料。在这样的学术标准和制度中，中国自己的经验变得支离破碎，认识中国变得更加不可能甚至没有必要了。这显然是要不得的。

之所以中国社会科学研究中会出现丧失主体性的问题，与改革开放以来中国社会科学重建有关。重建社会科学的过程也是学习西方社会科学的过程，学习西方社会科学同时在两个方面展开：一是持续了几十年的西方经典著作翻译运动。翻译西方社会科学经典著作，学习西方社会科学理论，以西方经典作家为师，这个过程中，从事西方经典著作翻译、研究、阐释和教育的研究者就化身成为中国社会科学理论权威的代表，他们是最深刻、最权威、最具有社会科学理论素养的中国的社会科学家。这些主要从事翻译工作的研究者，他们很可能并不研究中国，甚至不了解中国。他们的职业兴趣使他们更关心古希腊和欧洲中世纪，因为这是他们翻译西方经典作家著作所必须要具备的基础知识。在脱离中国经验基础上翻译阐释西方经典作家著作，顶礼膜拜，时间久了，就忘记了学习理论的目的，西方经典作家的理论不再是做中国研究的资源与启示，而是万重束缚。二是进入到西方具体研究中，以大量阅读文献为基础的对话式研究，将西方标准尤其是美国规范当作唯一正确的标准。美国社会科学研究建立在之前已形成共识的基础上面，或者说美国已有成熟的学术体制。中国学者学习美国规范，一头扎进学术对话之中，对于对话的前提完全没有了解，对国情完全没有了解，社会科学脱离了具体时空条件，中国经验变成碎片材料。问题是美国学术界提出来的，评判标准也是美国的，当然能不能在美国办的所谓"国际顶刊"发表论文就只能看运气了。运气好的能在美国期刊发表论文的留学美国学者，成为美国大学教授。这些美国大学教授自然是中国社会科学的权威，他们再回中国来创造一套体制，培养对话式的学术人才，强调社会科学无国界，反对社会科学的本土化，当然也反对建立有主体性的中国社会科学。

中国是一个有5000年历史、14亿人口和960万平方公里国土面积的社会主义大国，正由发展中国家向发达国家迈进，走在中国式现代化的道路上。中国式现代化道路与西方资本主义国家现代化道路是完全不同的。深刻认识中国式现代化道路，不断完善中国式现代化实践，是中国式现代化对学界的强烈要求，也是中国学界理应承担的光荣使命。新中国解决了挨打问题，改革开放解决了挨饿问题，中国式现代化的故事应当讲好，以解决当前挨骂的问题。中国是大国，大国建设必须要有理论，学术应当理解中国大国国情，应当为大国建设贡献智慧。大国建设的经验也要及时总结，为世界上其他国家提供理论支持。

同时，正因为中国是大国，中国就有足够的大学研究岗位为研究中国式现代化提供体制支持。建设有主体性的中国社会科学，不仅有强烈的需要，而且有很好的基础。中国，也许只有中国这样的大国，才可以做有主体性的社会科学。

建设有主体性的中国社会科学，当然要学习西方社会科学理论，同时我们必须明确，学习西方理论是为了更好地认识中国，西方理论不能变成教条，不能束缚我们对中国的认识。包括西方理论在内的古今中外一切智慧都是我们认识中国的理论资源，只有将西方理论与中国实践结合起来，深刻地认识中国实践，形成对中国实践的理论认识，并有助于改造中国实践，这样的理论才是我们需要的理论，才是活的理论。这个过程也就是将西方理论中国化或本土化的过程。本土化并非一定要发展出一套与西方不一样的概念体系，而是将从西方产生出来的理论拿到中国检验。西方理论不是抽象的普遍真理，而只是在特定时空条件下面进行的理论总结，因此都是有前提和预设的。西方理论对不对、好不好，都要经过中国实践的检验、消化、吸收和改造，本土化或主体性从来都不排斥将西方理论和方法当作认识中国的工具。

建立有主体性的中国社会科学，问题意识必须来自中国实践，必须要回答中国实践中产生的问题。并非每一个来自实践的问题都是社会科学要研究的，必须要有好的实践中的问题，正如常说的，提出好问题就解决了问题的一半。好的问题需深入到中国实践中去提，建立有主体性的中国社会科学必须要"呼啸着奔向田野"，从纷繁复杂的经验表象中清理出最为重要的问题进行研究。

建立有主体性的中国社会科学需要经过饱和经验训练，形成经验质感，具备想事的能力。有了从中国实践中提出来的好问题，又有想事的能力，还具有理论素养，就可以运用合适的理论来进行分析提炼，找到影响实践的内在结构，透过现象看到本质，从而提供理论解释，提炼理论观点。

建立有主体性的中国社会科学必须从具体问题具体分析开始，要找到事物本身的特殊性，找出决定实践性质的主要矛盾和矛盾的主要方面。只有真正具有经验质感的学者才能在对中国实践的研究中抓住要害，而不是将所有可能影响实践的要素进行主观的排列组合。

建立有主体性的中国社会科学，必须要大胆假设，小心求证；必须反对烦琐哲学，反对形式上的精致；写作要顺其自然，调查研究必须认真；要调查三年写三天，而不要调查三天写三年；要保持开放性，因为谁也不可能掌握终极真理；要允许百家争鸣，正是通过百家争鸣才可以用事实说话，才可以用逻辑说话，才可以取长补短，发展出超越具体研究的带有一定抽象性和一般性的中国社会科学。

建立有主体性的中国社会科学，一定要打破学科界限，要反对圈地自娱，使学科和理论服务于认识实践，并在认识实践的过程中形成新的理论认识，才可能从实践中长出中国社会科学。

当前中国社会科学研究必须从对美国的迷信中解放出来，必须打破所谓国际顶刊的幻觉，认识到中文学术期刊和中国人民大众才是中国社会科学主阵地，必须从对话式学术中解放出来，从内卷的烦琐的自说自话的学术中解放出来，从学科和理论的教条主义中解放出来，呼啸着奔向田野。以认识中国实践为第一责任，在认识中国实践中形成理论认识，在百家争鸣中取长补短，最终形成基于中国实践，具备解释中国实践能力，可以为全世界提供理论智慧的层次不同、极为丰富又相互竞争的中国社会科学。

中国是一个大国。中国有"985"、"211"重点大学100多所，有文科学者几十万人。如此众多的中国学者呼啸着奔向田野，就一定可以在每个领域都提出有趣的、有价值的问题，就可以有各种令人意外的解释，就可以有热烈的讨论和激烈的辩论，就可以逐步透过经验现象看到本质，就可以发现实践的规律，就可以总结出一般性的社会科学理论，就可以重建各个社会科学学科。

伟大的中国式现代化实践，呼唤有主体性的中国社会科学。中国社会科学学者应当从无趣的、高度内卷的对话式研究中奔向广阔的田野，野蛮成长，创造我们时代的社会科学奇迹。

三、社会科学研究的大循环

　　建立有主体性的中国社会科学，就必须要从中国经验与实践中提出问题，而不能从美国经验和实践中提出问题，也不能只从理论中提出问题。

　　中国社会科学是改革开放后重建的，重建的中国社会科学要向西方学习。经过几百年发展，西方社会科学早已从刚开始的草创阶段进入到具体的学科化、专业化的细致分科研究阶段。西方社会科学在野蛮成长阶段，是不分学科更谈不上专业的，之所以会形成社会科学理论，是要回应工业化时代的各种重大实践问题。哲学是时代的精华，何况社会科学。经过几百年的发展，西方社会科学从最初的与实践全面完整直接互动（相互吸取营养）走向共识越来越多，并越来越精致专业，分化出具体学科与专业，学术研究越来越变成对话式的。

　　重建之后的中国社会科学向西方学习，恰恰是按学科和专业向西方学习的，就是说，中国社会科学直接从西方社会科学中接受了他们的理论共识和当前正在进行的分学科分专业的具体研究。而中国作为一个有5000年文明和14亿人口的社会主义发展大国，工业化和发展方式以及发展阶段与西方是十分不同的。中国社会科学的发展还需要有一个直接面对中国实践，不分学科不分专业，整体理解中国以形成对中国总体认识的阶段，而不能直接进入到学习西方分学科分专业的具体研究上去。

先总体认识，野蛮成长，经过激烈的理论竞争，形成理论共识，这是中国社会科学开展具体研究的前提。形成理论的过程也是对西方理论进行批判性吸收的过程。只有在中国经验与实践的语境中形成对西方一般理论的批判性认识，将西方一般理论具体化中国化，才可以让西方理论变成资源。没有在中国经验中形成符合中国实际的理论共识，按照学科产生的具体研究就会变成盲人摸象。

将研究一开始就局限在学科和专业上面，甚至刻意建立学科壁垒，就不可能形成关于中国整体的理论共识，就缺乏对中国整体的深刻理解，照搬西方理论就只会产生出教条主义。如果直接从西方现有学科和专业开展研究，不仅会让研究的问题变得琐碎，而且会脱离中国实践。

因此，建立有主体性的中国社会科学，必须要先经由社会科学的大循环，再进入分学科分专业的精致的具体研究，进入到以对话为特征的小循环研究中来。

当前中国社会科学研究中存在的一个大问题是，没有真正进入一个艰苦、混沌和开放成长的社会科学大循环阶段，中国社会科学就接受了已高度成熟的分学科分专业的规范的对话式研究的小循环。

社会科学研究大循环的基本特征是从经验与实践开始，经由理论提炼形成理论性的认识与判断，再到实践中检验。在大循环中，理论的目标是认识经验。一个理论好不好，关键就在于这个理论能否深刻认识实践，是否具有对实践和经验的解释能力。在社会科学研究大循环中，当然会有包括西方理论在内的古今中外的各种智慧作为理论资源，这个理论资源却只是启示而非教条。

社会科学研究大循环同时在两个层面进行：一是具体的研究，

通过具体问题具体分析，逐步形成对中国经验与中国实践的认识与判断；二是借助大量具体研究，对中国总体经验进行思辨，在更加一般的层面认识中国。不同角度、不同方法、不同理论指导所形成的对中国实践的一般化认识，相互竞争，相互补充，有些会发生融合，有些则独立发展，就形成了几套都具有一定解释力的符合逻辑的一般化理论。这些理论为具体研究提供指导。

从实践中开始，直面实践与经验的社会科学大循环，必须是大胆假设的、粗糙的、没有答案预设的，是需要完善的。只有经过一个野蛮成长阶段，允许各种理论竞争，才可以在理论竞争中形成具有深刻性的理论体系。这样的理论体系是可以解释经验，认识实践，使人们可以更好地改造实践的。

当前中国社会科学需要补直面经验野蛮成长这一课，因此，要反对当前精致的平庸，要反对机械的对话，要反对学科与专业壁垒，要让中国学界有一个百花齐放、百家争鸣的阶段。深刻的片面远比精致的平庸要好，田野的灵感、野性的思维，是稀缺品。

当前中国社会科学研究小循环的特点恰恰是，学科、专业、对话、烦琐、平庸、无谓的细枝末节研究等等。

小循环就是理论—经验—理论的循环，这里面的理论，实际上是指从既有的西方理论中提出来的问题，然后用经验去验证，以证实或证伪相关研究。这样的社会科学研究小循环，也就是对话式研究。当前中国学术界存在的最大问题就在于，在没有进行一场深刻的大循环的学术运动前，即进入到了对话式的小循环。这必然造成当前以小循环为特点的对话式研究的没有方向、精致平庸，真正重要的实践中的问题却被排斥在小循环之外。研究脱离了中国实践，也无法回答中国实践中的问题。这最需要反思。

当前中国社会科学研究小循环存在的显著问题可以简单列举

如下：

与西方对话的中国研究。从某种意义上讲，这样的研究代表了当前中国学界的主流，是中国学界的榜样。与西方研究对话，按西方学界设定的问题做研究，研究西方的问题，在西方刊物发表论文，还可以对西方的具体研究提出挑战，这是中国顶流学者的研究。因为能在国际顶刊发表论文，能赢得西方学者的认可，这样的中国学者就必定是中国顶流学者，也很快就会获得体制内的身份，在学术上和体制上引领中国学界与西方研究对话。这种研究中，问题意识、研究目标和发表期刊都不是中国的，只是用了中国经验。中国经验不是研究目标，而只是手段、论据和素材。

目前中国学界的对话式研究是以西方标准为标准的，往往也是内卷而平庸的、脱离中国经验的研究，已成为主流。这种脱离中国实践的对话式研究形成了内部循环的力量，将简单问题复杂化，成为烦琐哲学的代表。

对话式的小循环研究，很容易通过打补丁的方式来弥补理论解释上的漏洞，结果就是，一个本来简单的常识，在无穷理论补丁下面变得无人能识。或一个本来缺乏解释力的理论，也可以通过打无数理论补丁而自圆其说。这种所谓的理论不仅没有让事实更加透彻澄明，反而遮蔽了事实。

显然，在中国社会科学研究没有经历过一个大循环的运动，没有通过野蛮成长与中国经验和实践产生足够丰富、全面、深刻互动的情况下面，中国式现代化的伟大实践就无法真正有效地进入到社会科学理论生产中去，小循环就变成了无病呻吟、自说自话。这样的小循环研究不仅没有形成对中国式现代化丰富实践透彻而深刻的认识，反而遮蔽了常识。

当前中国社会科学应当是以大循环为主流的时代，是社会科学扎根中国经验、呼啸走向田野、野蛮成长的时代。理解中国不分学科专业，包括西方经典作品在内的古今中外一切智慧都是服务于理解中国实践的理论资源。扎根中国经验，批判性借用理论资源，形成对中国经验的丰富认识，百花齐放、百家争鸣，形成经过深刻辩论的批判性共识，在这个基础上面进行精致的分学科分专业的对话式研究才有条件。

四、田野的灵感

2001年我提出村治研究中的"三大共识"，即"田野的灵感、野性的思维、直白的文风"。它们应当是华中乡土派的共识，也是华中乡土派的显著标识。

"田野的灵感"，是说社会科学研究的问题意识要从田野中来。田野即中国经验，即中国式现代化建设实践。田野当然也可以包括历史的田野和正在发生的现场。长期浸泡在田野中，经过饱和经验训练，才能提出好的研究问题，好的问题是引导好的研究的前提。

田野的灵感不只是可以提出好的问题，而且具备突破既有理论解释的可能性。学术研究关键在创新，思维突破不仅来自逻辑，而且来自想事的能力，来自社会学的想象力。经过饱和经验训练，具备经验质感，就可以形成想事的能力，就容易突破一般思维常规，就有了社会学的直觉与悟性，就可能凭借只言片语而一通百通，妙手偶得。

因此，田野的灵感也是一种思维方式，是借助经验进行思考，是长期浸泡在田野中所形成的经验直觉、思考本能，是当前已被过度规训的理性思维所不具备的能力，是一种野性的思维。

中国社会科学有特别好的深入田野做调查的传统。毛泽东主席所做的经典农村调查为中国革命胜利奠定了基础。费孝通行行重行行，一生坚持调查，志在富民，也为中国学者树立了榜样。中国社会科学对于田野调查的执着，与中国作为后发外生型现代化国家不得不接受西方理论指导有关系。来自西方的理论究竟是否符合中国实际，能否指导中国实践，理论前提与边界在哪里，都需要在中国经验与实践中检验，田野调查因此变得极为重要。

田野调查不仅是回答中国实践问题的需要，而且是培训一个合格的社会科学研究者的需要。一个好的社会科学学者，必然是有学术悟性的，有社会学想象力的，有学术直觉能力的。这种一流社会科学学者的能力来自哪里？就来自长期浸泡田野所形成的经验质感。具备经验质感的学者可以凭直觉就找到经验中的关键变量、实践中的主要矛盾，然后就可以做到在万军中直取将首，见微知著，提纲挈领，纲举目张，单刀直入，三下五除二解决问题。

通过田野进行经验训练，最重要的是要将学者本身当作目的，就是通过长期在田野中浸泡来认识自己，改造自己，形成具有田野灵感和想象力的合格的学者。如果进入田野过于功利，将自己定位于搜集资料、完成外在任务，就不可能训练出一个具备经验质感的学者。只有沉在经验中，不断通过经验的意外，清理既有认识局限，改造思维结构，长此以往，才能形成经验直觉，具备想事能力。经验需要训练，只有长期训练，才能将经验变成身体本能，才能具有一般学者所不具备的基于经验进行创新的能力，才能真正具有田野的灵感。

与"田野的灵感"适配，又同样重要的是"野性的思维"。

"野性的思维"，首先就是思维不能在一开始就被完全规训。因为一旦被完全规训了，就会缺乏想象力，就会丧失直觉能力，就不可能有创新和创造能力了。

不被规训，不是说学者不需要进行学术训练。当前学者的学术训练是按学科和专业进行的，糟糕的是，当前的学术训练往往注重知识性训练，强调二手文献阅读，以既有研究为理所当然的前提，对西方社会科学未进行批判性地吸收和有主体性地重新阐发。学术研究分学科分专业，以对话为主，以写论文为主要载体。这样的学术训练，无论是知识性的学习还是对话式的研究，都只是在消灭学者的主体性，规训学者想象力，让学者丧失野性思维的可能性。

野性思维当然要有基本逻辑推理能力，有分析能力，有现代社会科学思维能力。要训练野性思维，就不能只背诵理论知识，只阅读二手文献，而要批判性地研读各家社会科学经典。不仅要知道是什么，而且要知道为什么，对任何经典，学习者以及学者都不要迷信，要不惧权威，因为就没有永远正确的权威。自己没有获得认识的"真理"就不是真理，即使它以真理的样子耸立在自己眼前。必须做到初生牛犊不怕虎，权威和真理都只是自己思考的资源而不是障碍，权威与真理都不能成为照搬照抄的教条。长时间阅读各种社会科学经典，内化其社会科学的理论与方法，不拘泥于具体结论，要从其立场、观点和方法中受到启示。

野性思维就要保留思维的原始性，承认身体本能的重要性，就要通过长期田野浸泡形成学术直觉能力，保持好奇心，胆大心细，敢于突破限制。思维不受局限，既不受学科局限更不受专业局限，问题导向，灵光闪闪，让自己在进行学术研究时可以从所有限制中解放出来，形成敏锐、轻盈、激发的思维状态，透过现象看本质，找到实践背后的一般规律，从而形成学术创新。

野性的思维，要大胆假设，小心求证，不怕出错，每次出错都是一次认识自己和认识经验的必要步骤。胆大心细，敢于创新，才可能创新。犹犹豫豫，不敢想象，就不可能创新。

野性的思维，一方面要珍惜自己思考的初心，一方面又要保持开放性，要善于吸取理论营养，要愿意百家争鸣。学术观点百家争鸣，思维火花电闪雷鸣，这就是一个真正创新的时代。

当前学界存在的严重问题是过度规训，学术研究不敢想象，不敢试错，规范化变成了循规蹈矩，做研究变成了写论文，批判性学习理论变成了掌握最新方法技巧，从而将创造性的学术研究变成了码文字清洗数据的体力劳动。

中国社会科学必须从学科、专业、刊物等级中解放出来，不拘一格，呼啸着奔向田野，借用古今中外一切智慧来认识中国实践，并在此过程中重建经过批判性吸收的西方社会科学理论与方法，及建立基于中国实践的有主体性的中国社会科学架构。

"直白的文风"也是"三大共识"中十分重要的一个共识。"直白的文风"首先是针对当前学界将主要精力用在写论文而不是做研究上的风气。

其次是针对学界强调专业化，越来越不能说群众听得懂的话，写作论文局限在极小圈子里，变成了自娱自乐。社会科学主观性极强，任何社会科学理论都可以通过无限打补丁来自圆其说。这就使学界容易形成特定小圈子，通过不断打补丁的方式来为某些理论续命，结果就是理论越来越复杂，越来越脱离实践，最后成为少数人的烦琐哲学，也成为项飙所说的世界上异化程度最高的劳动。这样的烦琐哲学注定是要被时代抛弃的。

直白的文风强调做一流的研究而不是一味去写烦琐的论文。现在学界通行的做法是"调研三天，写作三年"，这样的研究，缺乏对经验的透彻把握，不可能抓住经验中的关键变量，只可能在众多经验变量中搞排列组合。学术研究变成清洗数据和堆砌文字的体力活，甚至写作变成了如何通过复杂的模型和修辞掩盖实际上的逻辑缺陷，真正是以其昏昏使人昭昭。直白的文风则强调"调研三年，写作三天"，之所以写三天，是因为在调研过程中已经将问题想清楚了，写作就是一件顺其自然的事情，就如高山流水，一路流淌一路欢歌。而"调研三天，写作三年"，写作成为世界上异化程度最高的劳动，是因为没有研究清楚，又希望通过写作来掩盖逻辑上的跳跃，这样的写作当然不可能让人愉快。

"直白的文风"是要展现出实践中的内在逻辑。真理总是简单的，一旦认识到了实践的本质，理论就会具有力量，就可以掌握群众。真理必然是透彻的、简明的，可以抓住人的。写三年都写不清楚是问题没有想清楚，想清楚了的问题就可以用最简单明白的形式写清楚。写清楚的根本在于写出"一窍难得"的那个"窍"是怎么得来的过程。因此，写作就不是根本性的，用什么形式来写作就更不重要。

当前中国社会科学界重视论文写作与发表，这肯定不是最好的社会科学研究创新的载体，因为这个载体过于沉重，以致挤占了学者的大部分时间，压垮了学者的身心。我们认为，文以载道，任何将创新性成果公开出来的文体都是好的文体，用任何形式发表的创新性成果都是好的成果。学术随笔、学术论文、演讲、著作，都是学术创新的形式。用最低成本、最佳方式发表创新性成果，以在更广泛的领域形成交流、碰撞、融合，将学者主要精力用在调查研究上而不是在强行写作上面，这不仅是文风问题，也是严重的学风问题。

"田野的灵感、野性的思维、直白的文风"，可以说是三位一体的，是当前乃至未来相当长一个时期，建立有主体性的中国社会科学的必由之路。

五、经验质感

　　所谓经验质感，就是研究者对经验的直觉能力。这种直觉能力使研究者可以从纷繁复杂的社会现象中迅速找到主要矛盾和矛盾的主要方面，找到社会实践中起决定作用的关键要素和核心变量。这种直觉能力使研究者可以在万军中直取将首，快刀斩乱麻，准确地提出问题，深刻地分析问题，有效地解决问题。在经验研究中，具有经验质感的学者几乎可以本能地理解经验与实践，迅速形成对新经验与实践的解释，产生理论创新。经验质感是一种经过长期训练而获得的熟能生巧的能力，是一种特殊的身体本能。当前中国社会科学教育中缺少经验质感训练，也因此，中国社会科学研究缺少创新性成果。

　　经验质感不同于个人在自己生活中所形成的生活本能。每个人都生活在现象中，都自然而然习得了生活和文化本能，这是一种"日用而不知"的文化本能。作为普通社会成员，生活于这个经验的世界，习得关于经验的各种不自知的本能，这构成了每一个社会科学研究者第一阶经验的身体本能，但这种身体本能不等于作为一个优秀社会科学研究者所具有的经验质感。一个优秀的社会科学研究者必须超越普通人，通过专门训练获得高于文化本能的思维本能。社会科学研究中的经验质感和生活本能的最大区别就在于，生活本能是习惯，是身体本能，经验质感是"实践感"，是"具有理性的大脑直觉"。研究者在理论与经验之间反复穿梭，对已经感知到的经验悖论加以整合，研究者与专门经验对象之间构成矛盾的结合体，研究对象主体化了，研究主体也对象化了，经验质感也就形成了。这是一种二阶经验的身体本能，是通过长期专门经验训练才可以获得的身体本能。

与个体生活经验中的文化本能不同的是，经验质感具有直觉性、反思性，既是身体本能，也是反思自觉。经验质感是通过经验训练形成的连接经验与理论、生活世界与现象世界的能力，这种能力既是通过训练形成的身体本能和直觉，也是认知反思和自觉，是一种本能与反思、直觉与自觉的结合体，是一种"觉悟"的能力。

经验质感的形成要通过饱和经验训练。饱和经验的核心是不断地到田野中去发现经验的意外。这个意外并非经验本身的意外，经验是客观的，因此就不存在什么意外的问题。意外的进入田野的研究者对经验的想象与经验本身不符合，研究者对经验的想象被意外所打破，从而改变了研究者对经验的认识及改造了研究者认识经验的方式。长期、饱和的经验训练，让研究者思维结构中容纳了越来越多之前不具备的经验意外，从而形成了对经验的想象力，也就是获得经验质感。

有两个不太一样的田野，一个是现场的、正在发生的田野，一个是历史的田野。现场的田野就是我们可以到达现场进行观察访谈的田野，现场的田野的好处是，可以通过多种方式来获得现场信息，尤其可以通过访谈来获得关键的信息。从我做基层治理研究30年的经验看，最好的田野是村庄。村庄是熟人社会，在村庄这个场域中，很容易形成信息的交叉验证，从而很容易形成对村庄整体经验的把握。信息越丰富，留给概念自由演绎的空间越少，改造研究者对经验认知的机会越大。长期的信息充沛的田野，通过不断产生的经验意外可以最终改造研究者对待经验的态度与方式，形成经验质感。

历史的田野其实就是史料。史料最大的缺点是不会说话，无法接受研究者的访谈。史料信息往往是零碎的，不充分的。零碎且不充分的信息就可以为研究者留下充分的想象空间，结果就有可能是研究者的主观性太强，用有限的信息来证明自己的偏见，所有经验的意外都因为信息有限而难以挑战研究者既有的认知。因此，要通过史料来形成经验质感，难度系数或花费时间至少为现场田野的五倍以上。所以我有一个不等式，即一天现场田野所获经验训练大于一周阅读二手资料所得。

有趣的是，历史与现实在训练经验质感上面虽然难度系数不同，效果却是相通的。"所有历史都是当代史"，一个解释就是，对当代的深刻认识，有助于重新理解历史，当然也可以说，历史解释是服务于当代需要的。还有一句"读史使人明智"，即太阳底下没有新鲜事，真正深刻地认识了历史，就可以深刻地认识现实。

好的经验研究需要两个必要条件：第一，研究者经过长期经验浸泡，通过饱和经验训练，获得经验质感。只有有了经验质感，才有能力透过现象看本质，真正进入经验的逻辑里面，从经验中产生出有启发性的理论观点。第二，具有经验质感的研究者还需要亲自到田野中进行经验观察。只有在田野现场，经验才是最完整和最开放的，可以顺藤摸瓜清理出经验的内在逻辑，发现经验的本质与规律。有经验质感的研究者深入田野现场，在田野现场思考，正确地提出问题，敏感地抓住问题，一步一步深入下去，解剖经验，理解实践，在这个过程中产生思维激发，形成理论碰撞，这样创新性研究成果才容易产生。这个过程是一个妙手偶得的过程，有经验质感的学者可谓妙手，在田野中苦苦寻觅，就会不断有惊喜，创新性研究成果自然就不难产生了。在我们看来，经验既是客观的，也是主观的。经验研究中最重要最关键最惊心动魄的恰恰是具有经验质感的研究者在田野现场被看起来最为平常、最微不足道的经验所触发的触电般的一瞬。经验研究的关键恰恰不在于其机械的一面，而在于其主观能动的一面；不在于现象本身，而在于研究者被触发时所引起的理论反思。这就是理论创新最为重要的惊险一跃。

在一个有经验质感的研究者那里，处处都是田野，处处都有故事。同时，经验调查也没那么神秘。在某种意义上，当前社会科学教科书上的田野调查方法顶多是资料收集法，而不是真正意义上的经验研究法。田野是特定时间和空间构筑的"现场"。田野调查最基本的原则是研究者"在场"，需要亲身体验现场中的社会活动。只有亲身体会才能掌握现场的诸多明面的或暗面的经验信息。并且，资料收集和分析不可分割，研究者既是资料调查员，也是资料分析者。"在场"的另一个含义是，一个反思性的研究者需要和现场的人物、事件发生互动，在地化地理解经验现象。用我们的话说就是"田野内部提问题，现象之间找关联"。在这个过程中，理论和经验之间、研究者和研究对象之间、资料收集和分析之间，都在现场发生了密切互动。不是田野和经验本身，而是田野和经验对研究者的触电般的启发，产生了学术创新。

当前社会科学界对中国经验与实践的研究远远不够。中国社会科学研究要取得进一步的突破需要有两个前提：一是培养出大量具有经验质感的社会科学研究者；二是开展呼啸着走向田野的运动。

通过呼啸着走向田野，通过饱和经验训练，让中国社会科学工作者具备经验质感，是搞好当前中国社会科学学术研究，建设有主体性中国社会科学的当务之急。

六、饱和经验法

　　形成经验质感的不二法门是饱和经验训练。饱和经验训练的方法就是饱和经验法。饱和经验法既是一种理论认识，又是一种调查操作技术。我在《社会学评论》2014年第1期发表《饱和经验法——华中乡土派对经验研究方法的认识》，初步讨论了饱和经验法。

　　所谓饱和经验，是借用化学"饱和溶液"中的"饱和"一词，来形容学者进行大量调研达到经验饱和后，就会形成经验质感，就具备想事的能力，就会对经验熟悉到可以透过现象看到本质，可以窥一斑而知全豹，也就是会有晶体析出的状态。经验饱和，然后析出理论，提出创新观点，深化对经验与实践的认识。

　　作为一种理论认识，饱和经验法认为，经验具有生活性、模糊性、自主性、自洽性和总体性。经验是先验的，往往也具有全息性特点。经验的自洽是说，经验本身是有其独立于人的主观意志的内在规律的。在认识上我们可能觉得经验之间存在矛盾与张力，而实际上，经验本身一定是自洽的，是有其自身运动规律的，表面上的经验的张力，不过是我们认识上的悖论。研究者认识经验的过程，就是不断通过经验来找出我们的认识悖论，并不断地包容新的经验来缓解以至解决认识悖论，从而推进理论研究。

　　经验的自主性是指经验本身是脱离理论而存在的。未认识的经验就是一团混沌，学者对混沌的经验有理论上的想象，只不过这个理论上的想象可能远离经验本身。要知道梨子的味道就要亲口去尝尝。只有深入到经验中，才能形成对经验的认识。每一次深入经验，都会带有问题意识，带有理论想象。到了经验中，很可能发现经验本身超出了理论想象，因为在对已知A的深入了解中，发现B也很重要，且B与A之间存在着相关关系。带着对A的想象到经验中去，发现B很重要，再带着对B的想象到新的经验中去，发现C很重要，一直到Z。然后再回来看A，这个A就不再是第一次带着理论想象的A了，而是对A所相关的各种影响因素有了清晰判断与认识的A，是透过现象看到本质上的A。对A有了深入了解后再来认识最初的经验，这个经验就不再是最初的混沌，而变成了被认识的客体。

最初的A，或饱和经验训练前的经验，只是一团混沌，是没有具体的抽象，是没有结构的整体。

通过饱和经验训练，不断地深入经验中，经验的面纱就会被揭开，经验的本质就展现出来。经验就成为一个有了具体的抽象，一个有了结构的整体，就是被理论所认识和驾驭了的经验。

正是反复认识经验的过程，构成了对经验认识者的饱和训练。反复多次由A到Z再回到A的经验认识过程，让进行饱和经验训练的人形成了经验质感——当然，世界上也有人无论经过多少次这样的反复训练也形不成经验质感。

作为一项调查操作技术，饱和经验法有三个原则。

第一是不预设问题，包括没有特别明确的调研任务，不刻意搜集资料和统计数据，调研中保持相对自由的状态，进行半结构的访谈，鼓励访谈对象自由讲述。调研者自由的心灵是进行饱和经验训练的前提。调研者如果有很强的理论预设、明确的调研目标、顽固的价值偏见，就只可能从经验现场看到自己想看到的结构，加强自身的偏见。纵使经验的意外如山一般耸立在他眼前，他也看不见或没有时间没有心情看见。

第二是具体进入，总体把握，大进大出，重在体验。因为经验是未知的，或经验内部结构是未知的，田野调研就只可能进行各种尝试，没有什么办法是最好的，唯一最好的办法是认真。在不断地认真尝试过程中，会逐步理解细节，发现意外。浸泡经验的时间长了，就有了对经验的总体把握，在能对经验进行总体把握的情况下面再看经验的细节，就会豁然开朗。进入到经验的精髓在于全身心浸泡在经验之中，对经验共情，与经验共鸣，产生刻骨铭心的经验的意外。

第三是不怕重复。要形成厚重经验，形成经验质感，必须要重复。一个做调研的学者，长期调研就会有经验想象力，调研对象的陈述，99%都在调研者的预料之中。这个时候的关键是，调研者必须仍然全神贯注，因为未知的1%可能恰恰是关键，且正是这个未知的1%重构了对之前经验的认识。对于一个高水平的调研者来说，说者无心，听者有意，一次偶然的陈述，就让调研者获得了重构整个经验的灵感。重要的发现往往来自重复所产生出来的意外。

饱和经验法强调，调查不能功利，调查时必须用心倾听和思考。经验质感的形成不是从调查结果来的，而是在调查过程中慢慢积累形成的。没有过程，没有全神贯注聆听、思考，没有用心体会，也就不可能获得经验质感。

从我们20年的实践来看，饱和经验训练应当注意以下六个方面：

第一，最好的饱和经验训练是田野现场，尤其是当前的村庄。村庄有相对完整的结构，比较容易进入，信息充沛，在比较短的时间就可以掌握足以构成反思认识悖论的经验现象。尤其在中国区域差异巨大的情况下面，在全国不同村庄做村治模式调查，很容易形成对经验的一般性认识。从我们的经验来看，在一个村庄调查20天，基本上可以完整把握村庄内部结构。在全国不同类型地区调研10个村庄，就可以具备相当丰富的提出问题进行想事的能力。

或者说，如果到田野中进行饱和经验训练，一年时间就可以大有成效。而如果通过阅读史料来训练经验质感，没有5年时间是不可能产生这种质感的。

第二，饱和经验训练一定要与搜集资料的调查区分开，与做问卷区分开。后者不是经验训练，只是体力劳动。前者在田野中主要是训练调研者自己，后者调查人员只是手段。

第三，在田野现场必须全身心投入。三心二意是永远不可能形成经验质感的。

第四，在田野中要特别关注经验的意外，不能放过任何一次经验的意外。

第五，经验训练的关键是现场，离开现场的资料是死的，甚至是没有用的。

第六，经验质感的典型表现是经验还原能力。通过饱和经验训练具备了经验还原能力，实际上就是具备了想事的能力，饱和经验训练就算成功了第一步。

七、想词与想事

当前中国社会科学学界应当有一个共识，就是学术研究已变得极为内卷，写论文很难，绞尽脑汁，成年累月地写，却很少写出好论文。就是写出来论文也很难发表，尤其是在顶刊发表论文，更是难上加难。更糟糕的是，当前社会科学学界还有另外一个共识，就是发表的论文多，出版的著作多，做学术研究的人多（当然是大学设的岗位多，社会科学博士毕业生多），学术研究的创新却不多。不少研究成为低水平重复，既没有推进学术研究，又无法解释经验，更不用说指导实践了。

之所以会出现这样一种情况，与当前中国社会科学研究割裂了学科专业与中国式现代化实践的关系，割裂了想词与想事的关系，学术研究陷入以对话为主的小循环之中，且学科封闭自说自话，有着密切关系。

想词，是用概念和理论进行思考，这是必然的需要。离开了概念和理论，就不存在社会科学了，就很难认识到经验内部结构，经验就会缺少理论指导，就更多呈现为表面现象。正是借助概念和理论，我们才可以透过现象看到本质，正如借助显微镜可以看到微小的细菌一样。

使用概念与理论的工具也有风险，即当我们对经验缺少全面深入把握，缺少想事的能力时，或缺少经验质感时，概念和理论就可能过于强大，而遮蔽了经验本身的逻辑，理论变成了自说自话，自我演进，经验则成为对理论的修饰，表现在实践中就是众所周知的教条主义。

一个优秀的学者，必须要保持想词能力与想事能力的平衡。通过理论来更加深刻地认识经验，从而产生出深刻的片面，是做好研究的一个步骤，正是借助理论，一个好的研究者可以看到经验的本质。同时，如果没有想事的能力，缺少对经验自身逻辑的把握能力，理论所产生出来的深刻的片面就变成了偏见。经验变成了偏见的装饰品，理论也就既无法从经验中吸取营养继续发展，又无法增加对经验本身的理解，更不可能指导实践。教条主义指导实践的结果必定是悲剧性的。

想词能力与想事能力的平衡，是借助理论来深入认识实践。理论是认识实践的资源与工具，而非教条和束缚。理论从来不是也不可能是真理，且理论总是在不断认识实践的过程中发展和丰满起来的。借助理论认识实践，实践是本，理论是工具。实践本身有其内在的逻辑，但在用理论去理解和认识实践的过程中，容易产生理论的偏见或傲慢（即片面性），因此就需要运用多种理论资源，允许不同学科、专业的理论来竞争对实践的认识。通过实践来检验理论，发展理论，又通过理论来理解和指导实践。实践是本，认识实践这个本体，尊重实践和经验的内在规律，具有对实践与经验内在规律的总体把握和判断能力，才可以更好地选择理论，认识理论的局限性。

当前中国社会科学研究中存在的一个严重问题是缺少饱和经验训练，没有经验质感，想事的能力不足。中国社会科学不经过一个呼啸着奔向田野的狂飙突进的阶段，不经过一个野蛮成长的阶段，不经过一个将西方社会科学理论与中国经验进行批判性结合的阶段，就会局限在自说自话的想词之中，就会脱离中国实践，高度内卷而脱离人民大众，当然也不可能有前途。

在主要来自西方的词与中国的事相分离的情况下，中国社会科学研究就是无源之水、无本之木。要解决词与事分离的难题，首先要深入经验，通过饱和经验训练，形成经验质感，具备对经验完整厚重的把握能力，具备想事的能力。同时，通过长期的饱和经验训练，通过长期的大循环，将词与事对应起来。通过对主要来自西方的社会科学的批判性认识，形成具有中国主体性的本土化的中国社会科学。在此之后，中国社会科学研究才具备建立学科和专业，进入以对话为主的小循环阶段的条件。

当前中国社会科学研究大都是在缺少对来自西方的理论、方法、学科、专业进行批判性吸收的前提下面建立起来的。学术脱离经验，理论脱离实践，想词多而缺少想事的能力，必然产生理论上的教条主义和研究上的严重内卷。

尤其有趣的是，学科和专业本来是认识经验的工具，经验与实践本身是不分学科和专业的，不同的学科专业都服务于对实践本身的认识，所以，学科和专业应当是在认识中国实践过程中产生的，而不应当在认识中国实践之前就固化。理论与方法好不好，学科与专业有没有效，要经由一个阶段实践的混战，或批判性尝试。学科和专业的合法性来自其认识中国实践的需要，而不能相反，这是一个基本原理。

当前中国学科和专业中普遍存在的问题是，未经过实践检验并在检验中形成自身合法性的学科和专业不仅建立起来了，而且很快就自我封闭起来，不仅不愿意深入到中国经验中去，而且刻意建立学科壁垒，典型如当前各个学科强调的专业化。在不深入经验，缺少想事能力，且学科壁垒森严的情况下，以想词为主要特征的对话式研究必然会陷入内卷的自说自话的困境。

以想词为主的对话式研究必须要有拐杖，有三个层次的拐杖：第一个层次是基本理论，哲学高度；第二个层次是学科的拐杖；第三个层次是专业文献的拐杖。要借助这三个层次的拐杖来进行学术对话，学者进行学术研究的合法性只能来自于以上三个层次的问题。因此，做学术研究就变成阅读以上三个层次的文献，找到要对话的问题，然后再用中国经验去论证：证实或证伪。遗憾的是，因为中国学者太多，全世界学术积累过于丰厚，一个学者要通过海量文献阅读找到可以填空的未研究问题，或找到已有研究的悖论，实在是太难了。读的文献越多，就越是发现没有什么问题未被研究过，也就越发感觉到没有什么可以研究的问题了。这应当是当前中国社会科学学界的真实写照。

最让我无法理解的恰恰是，明明当前中国实践中几乎所有问题都需要研究，远的不说，仅仅"三农"政策，每项政策含金量都以百亿千亿万亿计。如果学术研究能让我们更深刻地理解实践，从而为实践提供改进建议，那么可以减少多少不必要的浪费啊。大量的实践问题没有人去研究，学者们却在感叹已没有什么可以研究的了。中国实践的研究还没有开始，学界的思考怎么就结束了呢？

实际上，只要真正进入中国实践中，具有想事的能力，那些仅被当作拐杖的理论与方法就可以成为学术研究的资源。借助理论可以深刻地认识经验，具有经验质感可以更清晰地辨别理论的局限。具有想事的能力，词才有具体所指。有经验质感，词就成为资源，畅通无阻；没有经验质感，词就变成负担，盲目乱窜。正是有了想事的能力，在阅读文献时，轻易就可以发现已有研究的局限；没有想事能力，一切都似是而非，当然也不可能提出值得研究的问题。没有想事的能力，仅靠想词，经验就变成举例，这只是一种修辞手法而不是真正的研究。具有想事能力，就可以在研究中还原经验，就可以抓住主要矛盾，找到关键变量，用经验去推导，就有预见能力。社会科学理论从来不是自然科学真理，没有想事的能力，社会科学理论就不可能成为启示，而只会变成脱离时空条件的教条。

具备了想事能力的学者，学术研究就是一件好玩的事情，就经常可以在理论与经验之间穿梭并时常有蓦然回首、恍然大悟的惊喜。学术研究成为一场有趣且有用的探险。通过深入研究，建立可以服务于中国式现代化的有主体性的中国社会科学，是多么让人激动的事业。

不具备想事能力的学者，缺少对经验的理解，面对理论中的经验意外，一个最常见的办法是打理论补丁，从而让理论仍然可以自圆其说。一个脱离了经验本身内在逻辑而靠不断打补丁来续命的理论，必然会越来越复杂烦琐，越来越丧失对实践的解释作用，当然也就会被抛弃。

八、以区域作为方法

　　中国是巨型国家，中国不同区域差异巨大，要认识中国，就要先认识中国的区域差异。我自己在长期的教学中形成了一个习惯，就是好问学生的籍贯。每一个区域的学生都会带有本区域的文化基因，通过区域来认识人，不失为一条捷径。

　　同时，区域又是一个学者进行经验训练的最佳办法，因为不同区域之间存在着不一样的常规。同样的国家政策、法律制度，在不同区域竟然有相当不同的实践，这对于曾相信存在普遍政治哲学真理的我所产生的文化震惊，是我从一般性制度研究转向影响制度实践的社会基础研究的起点。正是通过区域比较，研究者可以形成经验质感，具备超越区域的经验还原能力。

　　更进一步讲，全世界每个地区或国家也都只是特殊的区域。看起来普遍的一般的社会科学理论，以及各种社会政治制度，甚至基本道德规范，都是区域的，具体的，是在特定时空条件下发生的，是有前提条件的。在作为后发外生型现代化国家的中国，社会科学也是舶来品。不过越是民族的就越是世界的，在中国式现代化实践中产生出来的中国社会科学是区域的（整个中国作为一个区域），同时也是世界的，因为中国式现代化为世界上非西方国家提供了另外一种现代化的可能途径，中国社会科学也为世界上非西方国家提供了另外一套理论可能性，甚至可能与西方社会科学产生竞争，揭示西方社会科学实际上也是在特定时空条件下面产生发展的，也会因此而改变。不存在普世的社会科学，也没有所谓社会科学的国际顶刊，因为这些发表社会科学学术论文的期刊，本质上是区域研究的产物。

2002年，我提出的研究目标是"理解中国80%农村的80%现象"。之所以说要理解80%农村，是因为当时觉得边疆地区情况过于复杂，且每个地区情况都不一样，故将自己关切的重点放在汉族主要居住地的调研上。30年来，我个人几乎到过所有汉族主要居住省市自治区，新疆、西藏则还没有进去调研。实际上，汉族内部情况也是极为复杂的，存在显著的区域差异。而之所以研究80%现象，是因为任何人都不可能研究所有的社会现象。到一个地方做调查，我一般不会局限于只做某方面的调研，而是希望尽可能多地拓展。一个地方尤其小至一个村庄，其经济、社会、文化、宗教以及历史、种植结构等，都是相互关联的，是一个有机整体。具体调研中，总是由A至B再到C，无限拓展下去，就形成了对这个村庄或地方或区域的整体认识。这种整体认识中最重要的是从表面现象层面进入到内部机制层面。

在接下来的马不停蹄的调研中，我逐步发现中国虽然很大，却可以通过分区域来进行认识。首先发现的是南北差异，即同为汉族居住区，却因为历史、地理等条件的不同，而形成了具有显著差异的南北中国：华南地区至今仍然有大量聚族而居的团结型村庄，华北和西北地区农村多为小亲族占主导地位的分裂型村庄，长江流域和东北地区农村则大多为高度原子化的分散型村庄。中国汉族居住的主要地区，村庄内村民之间因血缘连接不同而形成的农民认同与行动单位不同，从而形成相当不同的村庄社会结构，并因此对内影响村民心理与行为模式，对外影响国家制度进入村庄的方式。这是一个特别重要而有趣的发现。

进入21世纪，中国现代化和城市化加速，农民快速进城，农户越来越多收入与活动都离开了村庄，村庄社会结构所塑造出来的南北中国的差异，在市场经济与城市化的双重影响下面，开始淡化。因为城市化和市场经济的发展，尤其是出口导向型经济的发展，中国沿海地区形成了不分城乡的沿海城市经济带，农村工业化，农业现代化，农民市民化。尤其在浙江这类主要靠家庭作坊开始乡村工业化的农村，就在村庄熟人社会中产生了村庄内严重的经济分化。熟人社会中经济发展所产生的经济分化—社会排斥—政治竞争—边缘反抗—价值排斥机制，就是中西部农村地区难以想象的。当前时期，中国区域差异集中表现为城乡差异和东西差异。东部沿海城市经济带的农村，实际上是城市内在有机组成部分，不应当再作为农村对待，更不应当将东部沿海城市经济带的农业现代化、美丽乡村、集体经济建设等所谓经验盲目推广到中西部地区。硬要去推，就会出大问题。

如果从文化上来讨论中国区域差异，最典型的就是中国传统文化核心区的鲁豫皖，与中国传统文化边缘区的云贵川的差异。鲁豫皖的父母都有强烈的必须完成人生任务的愿望，他们勤扒苦做，为给儿子娶媳妇而拼尽全力，买车买房，支付彩礼，子女正好借父母人生任务的压力来索要高额彩礼，代际之间出现了严重剥削。相对来讲，在文化边缘区的云贵川，子女成家是他们自己的事情，父母没有必须为儿子娶上媳妇的人生任务压力，代际剥削也就不那么严重。云贵川父母生活轻松与鲁豫皖父母生活沉重，构成了鲜明对照。

20多年来，我和我们团队的同人不断在全国调研，试图理解80%农村的80%现象。现在当然也不是只关注农村，而是关注所有值得研究的实践问题，并因此形成了很多有趣的判断。如果中国几十万社会科学的学者都奔向田野，都来尝试理解中国式现代化的实践，我们就可以有成千上万的理论观点进行交流交锋，就可以相互批判吸收，从而形成对中国实践的深刻认识与共识。

通过区域认识中国的过程，同时也是进行经验训练从而成为具有经验质感的一流学者的过程。每个人都有自己的生活经验，这是日用而不知的未经反思的一阶经验。通过反复进入到中国不同区域，体验不同经验，就必然会产生出强烈的文化震惊，并从而对包括生活经验在内的所有经验进行反思，从而形成二阶经验。借助长期的二阶经验浸泡，就可以形成经验质感，具备经验还原能力，就可以具备学术想象力和政策想象力。

立足经验认识中国，应当超越"具体经验"，并形成"总体经验"，在这个过程中要搭建"区域"这一"结构"作为桥梁。作为方法的区域，不仅仅在经验领域呈现出丰富的差异性，更重要的是代表了中国经验的重要乃至关键性结构。对区域结构的认识是认识中国的重要途径。致力于理解与阐释中国实践的社会科学工作者应当通过区域比较展开学术训练，在经验与实践的沃土中生长出自己的学术议题，再分门别类进行深入研究，从而突破"从理论到经验"的小循环，并有望建构中国本土的社会理论和现代化理论。

通过区域来训练中国社会科学研究者的经验质感，以及通过区域比较来认识中国实践，都是区域研究极为重要的功能。将区域作为方法有两个层面的内涵：第一，通过区域比较研究提升中国社会科学研究者对复杂中国经验的整体把握能力，抓住问题的要害，做出一流的研究；第二，通过区域比较来认识中国，避免理论研究和政策实践时以点代面、以偏概全。

区域比较方法适用于社会科学全领域，需要更多社会科学研究者走出封闭而精致的小循环，加入到中国社会科学研究的大循环中来。

九、从土地中长出理论

中国是大国，必须而且能够建立有中国主体性的社会科学来。之所以必须建立有中国主体性的社会科学，是因为中国式现代化道路是独特的，不是照搬照抄西方的经验，而是经过几代人独立自主共同探索出来的，也不可能按西方既有理论来解释。西方既有理论实际上也无法解释中国式现代化为什么能成功。不建立有主体性的中国社会科学，我们就无法清晰地认识自己，也就还要继续在国际上挨骂，还无法为非西方国家提供实现现代化梦想的理论参考。之所以能够建立有中国主体性的社会科学，是因为：第一，中国式现代化是独特的且成功的，是创造了世界现代化奇迹的。中国14亿人口的现代化从根本上改变了这个世界。第二，中国是一个大国，就有很多一流大学的研究岗位，甚至据说中国有接近一百万人文社会科学研究者。中国足够丰富独特的重要的现代化实践需要理论总结，中国又有足够多的社会科学工作者可以进行这样的总结，而完全不需要依附于西方学术界。这就是中国能够建立有主体性社会科学的原因。

在建立有主体性的中国社会科学这件事情上，有些人文知识分子总是妄自菲薄，这是很奇怪的一件事情。20世纪上半叶，当时中国国弱民穷，处于半殖民地半封建社会，以吴文藻、费孝通为代表的社会学者也能在社会学研究上取得一定成绩，而以毛泽东、陈翰笙为代表的共产党学人对中国社会的认识，以及将马克思主义与中国革命实践的结合，都做出了榜样。建立有主体性的中国社会科学，首先要改变对学术的评价标准。如果按美国的标准尤其将美国的学术期刊定为所谓国际顶刊，并以此来建立国内学术体制，那么中国社会科学主体性当然建立不起来。问题是，当前中国已经富强起来，中国人民都已经自信了，为什么学者还立不起来？

只要中国社会科学有了自信，有了建立在自己发展基础上的基点，凭借几乎无穷尽的中国式现代化的丰富实践和理论营养，凭借中国学者的聪明才智，中国社会科学研究就一定可以取得辉煌成就。

建立有主体性的中国社会科学是当前中国社会科学的第一要务，是中国社会科学蓬勃发展的基本前提。

与此相应，中国社会科学研究中，与西方对话的研究，试图获得西方社会科学承认的研究，以在西方为中国争光为目的的研究，以及以西方刊物为论文发表主要载体的研究，都只能是中国社会科学的支流。没有国际顶刊，没有国际学术界，因为中国足够大，中国社会科学界也可以容纳这样支流的研究，前提是这些支流不要支配中国社会科学研究，更不要成为唯一标准。中国社会科学研究的主要发展阵地是中文期刊、著作以及阅读中文的人民大众，主要评价标准是对中国实践解释的透彻性、创新性，评价主体是中国学界及相关的各界。

中国社会科学发展的路径是通过呼啸着奔向中国式现代化实践的田野，经由"经验—理论—经验"的中国社会科学研究的大循环，从实践中提出问题，将尽可能多的实践中的问题卷入到中国社会科学研究的大循环中。中国数十万具有深厚学养的社会科学研究者深入到实践中，从实践中提出问题，深刻地分析问题，形成各种理论性认识，再到实践中检验，反复如此，以至无穷。如此一来，中国实践中的表层的深层的枝节的整体的各种问题都会被充分讨论，每个领域都会有数以百计千计甚至万计的学者讨论争鸣，相互启发，相互借鉴，取长补短，很快就会形成大批关于中国实践的共识，并在此共识基础上进一步进行更高水平更高层次的百家争鸣。

通过"经验—理论—经验"的大循环，将实践放在第一位，从实践中来，以理解实践为目标，将尽可能多的实践中的深层次问题卷入到学术研究中来，并在对实践总体认识的基础上检验理论。经过各种类型各种层次的持续不断的学术争鸣，就可以形成若干理论共识，就为进一步的以对话为基础的"理论—经验—理论"的研究提供前提，中国社会科学研究就可以从特殊到一般，从具体到抽象，逐步形成具有一定普适性的从中国式现代化实践中产生出来的社会科学一般理论。

进入社会科学研究大循环有两个前置条件，一是具有社会科学研究分析能力，二是具有从经验中提出问题的能力，以及借助经验进行想事的能力。这两种能力都要训练，我们称之为"两经"训练，即经典著作阅读的训练和经验训练。

通过大量阅读社会科学经典著作，掌握社会科学理论与方法工具，具备社会科学分析能力，是成为一个好的社会科学工作者的前提。社会科学训练最要防止的是通过教材进行训练。教材的问题有二：一是只有结论，没有推导出结论的过程；二是教材往往是以真理的形式来传授知识的。通过教材的学习，培养出来的只可能是教条主义。我在培养研究生上面特别强调要自主阅读经典著作，读硬书、硬读书，从而训练学生的理论思维能力，我甚至发明了一个公式："严格的学术训练＝体系化的经典阅读。"用两三年时间读完100多本社会科学经典，理论思维自然就有了。从20年教学实践来看，效果很好。凡是靠老师教经典来培养的学生，最多只能是循规蹈矩没有创新能力的教书匠。

第二个前置条件则是进行饱和经验训练，形成经验质感。经验质感实际上也可以看作一个学者的学术悟性、社会学想象力。这种社会学想象力要靠长期的经验训练来形成，也是可以通过正确的经验训练来形成的。

中国无比巨大，大学教研岗位多，做中国经验研究不能一哄而起，无序进行。在进行以大循环为主的中国社会科学研究中，就一定会形成一个又一个的学术集体或者学派。这些学派不是由当前已经高度体制化的学科和专业来定义的，而是在研究实践中自然而然形成的。学派是快速推进学术研究的集装器，学派之间竞争，融合，取长补短，就形成了中国经验与理论的各种结合形式，其中有些结合以理论的说服力启发了更多学者，理论总结体系化了且达到了很高水平，具有广泛影响力。

从中国具体实践经验中形成的理论认识是区域的，是民族的，同时也是世界的。在中国式现代化实践的滋养下，树立正确的目标，依靠正确的路径，依靠数十万中国社会科学学者坚持不懈的持续努力，就一定可以从中国式现代化实践的沃土中生长出世界一流的学术研究。